Franziska Helling

Impulse

Franziska Helling

Impulse

Leichtigkeit im Sein

Trainerverlag

Imprint
Any brand names and product names mentioned in this book are subject to trademark, brand or patent protection and are trademarks or registered trademarks of their respective holders. The use of brand names, product names, common names, trade names, product descriptions etc. even without a particular marking in this work is in no way to be construed to mean that such names may be regarded as unrestricted in respect of trademark and brand protection legislation and could thus be used by anyone.

Cover image: www.ingimage.com

Publisher:
Der Trainerverlag
is a trademark of
International Book Market Service Ltd., member of OmniScriptum Publishing Group
17 Meldrum Street, Beau Bassin 71504, Mauritius
Printed at: see last page
ISBN: 978-620-0-76852-0

Inhalt

Dieses Buch ist für alle geschrieben, die Ihr Leben in die Hand nehmen möchten, die selbst die Verantwortung übernehmen und damit Veränderung erschaffen möchten.

Es gibt sehr viele Bücher über die Themen Positive Lebensführung, Quantenenergie, Heilung usw.

Dies soll ein kleiner Ratgeber theoretisch und praktisch sein.

Und ich möchte all jenen danken, die mir die Impulse dazu gegeben haben, Autoren über Bücher, aber vor allem den Menschen in meinem Umfeld, die mir das gezeigt haben, die mich auf meinen Weg gebracht haben und die mich manchmal auch dazu gezwungen haben, „hin zu sehen“.

Danke, ohne die vielen Momente, positiv wie negativ (was jedenfalls mein EGO dafür hält), wären diese Zeilen nie entstanden.

Jeder Moment ist ein Neuanfang

Der Augenblick der Macht ist immer gegenwärtig;
du bist niemals fest gefahren.

Genau jetzt finden Veränderungen statt,
genau jetzt in deinem Bewusstsein.

Es ist gleichgültig, wie lange du negative Verhaltensmuster, eine Krankheit, eine dürftige Beziehung, Geldmangel oder Selbsthass erlebt hast.

Denke daran: du bist die einzige Person, die mit deinem Bewusstsein denkt!
Und du bist der einzige Mensch, mit dem du von deinem ersten Atemzug bis zu deinem letzten Atemzug klar kommen musst.

Du bist in deiner Welt die Macht und die Autorität!

Vorwort

Eine Frage beschäftigte mich in meinem Leben:
Ist es wahr, dass jeder Mensch *seine* Möglichkeiten im Leben hat, dass er überwinden kann?
Wer ist stärker – das eigene Ich, der Geist oder die Einflüsse von außen?
Ist es wirklich so, dass wir entscheiden können, was wir wollen, was und wie wir leben wollen?
Ist es so, dass wir trotz massivsten Einflüssen von außen unser Leben bestimmen können und ändern können, so ändern können, dass es sich für uns gut anfühlt, dass wir das Leben bejahen können, so, wie es ist?

Und ich fand eine Antwort: Ja, es ist wahr!
Wir alle haben die Möglichkeit, unser Leben zu beeinflussen, unser Leben zu gestalten. Und wir können das Leben leben, was wir leben wollen und wie wir es wollen.
Wir haben immer eine Entscheidungsfreiheit, das zu tun, was sich für uns gut und richtig anfühlt.

Worum geht es im Leben?

Es ist unsere Aufgabe im Leben, das zu tun, das zu leben, was unsere Bestimmung ist, vielmehr was die Bestimmung unserer Seele ist. Unsere Seele hat das ewige Leben und so kann es sein, dass wir in einer späteren Inkarnation lernen müssen, was wir in der letzten versäumt haben, nicht lernen konnten oder wollten, was uns auf unserem Weg weiter bringt.

Die Kernfrage ist: Worum geht es meiner Seele wirklich?
Was ist mein Plan, mein göttlicher Plan und was ist meine Aufgabe hier in diesem Leben?

Wir lernen so lange in allen Bereichen, mit positiven und mit negativen Erfahrungen, bis wir wirklich verstanden haben, um was es geht. Bis wir umsetzen und leben, was unsere Aufgabe ist. Wenn es beispielsweise unsere Aufgabe ist, anderen etwas zu übermitteln, anderen etwas zu lehren, so können wir das erst, wenn wir es selbst nicht nur verstanden haben, sondern es auch gelebt haben.

Wer da lehret, ohne erfahren zu haben, gleicht einem blinden Fackelträger.

Er erleuchtet zwar den Weg, bleibt aber selbst im Dunkeln.

Wie wollen wir anderen Menschen etwas vermitteln, wenn wir es selbst nicht leben? Wie sollen wir überzeugend wirken, wenn wir selbst nicht die Erfahrung gemacht haben und daraus gelernt haben? So kann es eben auch sein, dass wir manchmal nur über schmerzhafte Momente im Leben lernen, um manche Dinge, manche Erfahrungen wirklich verinnerlichen zu können. Das ist eine Grundvoraussetzung, um anderen Menschen überhaupt etwas übermitteln zu können, oder um selbst verstehen zu können.

Nur, wer die Trauer kennt, hat gelernt zu tanzen!

Es gibt wohl keinen Menschen auf der Welt, der sich nicht schon einmal gefragt hat:

Warum muss gerade ich das erleben?
Warum muss mir das passieren?
Warum habe ich so einen schweren Weg?
Warum habe ich diese Krankheit?
Warum geht es mir finanziell so schlecht?

Diese oder ähnliche Fragen und weitere haben jeden schon mal betroffen oder tun es immer noch.

All das sind Erfahrungen, Lernaufgaben, die unsere Seele benötigt, um daraus etwas zu lernen, um vollkommener zu werden.
Denn darum geht es letztendlich, immer mehr in die *Vollkommenheit* zu gelangen.

Nur sollten wir auch aus unseren Erfahrungen etwas lernen, es umsetzen, um diese Situationen nicht noch einmal erleben zu müssen. Wir bekommen die gleichen Situationen, Begebenheiten und Strukturen solange, bis wir wirklich gelernt haben, bis wir in diesem Bereich nicht mehr lernen müssen.
Das ist der Grund, warum wir vieles mehrmals erleben müssen, uns oft immer wieder in den gleichen negativen Situationen wieder finden – wir haben daraus nichts gelernt – oder vielleicht haben wir es sogar verstanden – aber nicht umgesetzt und sind in die gleichen alten Muster zurückgefallen.

Übrigens, unser wahres Ich, unsere Seele kennt keinen Schmerz, keinen Verlust und auch keine Trauer.
Unsere Seele erlebt in Freude, in Wissbegierigkeit, möchte lernen und *wertet nicht*.

Sie möchte ihren Plan erfüllen und möchte deshalb das lernen, was sie benötigt, um diesen Plan zu erfüllen.

Wir Menschen, unser *EGO,* wertet in Gut und Schlecht, in positiv und negativ, finden manche Dinge schön, angenehm, und anderes wollen wir nicht erleben, weil wir sie als schmerzhaft, unangenehm *werten.*

Wenn es nun beispielsweise unser Plan ist, anderen Menschen zu helfen, vorhandene Blockaden zu lösen, anderen Menschen zu helfen, freier, beweglicher, weniger steif zu leben, so ist es auch notwendig, selbst diese Blockaden, die Unfreiheit, die Steife und die Einengung erfahren zu haben.

Eine physische Blockade geht immer mit einer geistigen, seelischen Blockade einher – das eine ist nicht von dem anderen zu trennen. Das ist, als wenn wir versuchen würden, einen Arm vom Körper zu trennen und ihn dann dazu bringen wollten, sich zu bewegen, etwas zu greifen, zu handeln.

Was also müssen wir mitbringen, um lernen zu können, um umsetzen zu können?
Nun, eine gewisse Offenheit, eine Bereitschaft, Dinge annehmen zu können, aus Situationen lernen zu können.
Weiter benötigen wir eine Offenheit, in uns selbst, Dinge wahr zu nehmen, unsere innere Stimme zu hören.
Einfach mal in uns rein zu spüren, ob sich etwas gut anfühlt oder nicht.

Es ist sehr hilfreich, Urvertrauen zu besitzen, das bedeutet, in den Fluss des Lebens Vertrauen zu haben.
Und wir benötigen eine Offenheit, um Dinge wahr zu nehmen, die uns auf unserem Weg begegnen, die nützlich und hilfreich sein können – wir sollten uns nicht vor solchen Möglichkeiten verschließen - dann nehmen wir sie nicht einmal wahr.

Ermutigung

Steh zu dir, sooft du auch gefallen bist.
Nimm dich wahr, wie lange du dich auch verleugnet hast.
Bleib dir treu, sooft du dich auch betrügen magst.
Geh mit dir, und wenn du dich tausendmal in die Irre führst.
Nick dir zu, selbst wenn die ganze Welt den Kopf über dich schüttelt.
Glaub an dich, dann hast du deine Religion, die dir weiter hilft.
Hans Kruppa

Es ist wichtig, an die eigene Wahrheit zu glauben, an sich selbst zu glauben und sich selbst zu vertrauen, an den eigenen Weg zu glauben, auch wenn viele im Außen vielleicht sagen, „der Weg ist falsch“ oder „Du machst das falsch“..

Der Verstand

Unser Verstand wertet, wägt das Für und Wider einer Entscheidung ab, was sicherlich in manchen Situationen richtig und hilfreich ist, aber nicht in allen.

Was sind oftmals die Verstandesentscheidungen?
Das sind die Entscheidungen, die wir treffen, weil es so sein muss oder etwas anderes nicht sein darf, nicht richtig ist.
Wer legt fest, ob etwas richtig oder falsch ist?
Oft sind es die Begrenzungen / Beschränkungen, die wir uns selbst auferlegen, oft sind es vorgelebte und übernommene

Konditionierungen / Denkmuster von unseren Eltern, von der Gesellschaft – es ist richtig, weil *man* das so macht!
Und nie haben wir hinterfragt, ob es tatsächlich überhaupt unsere eigenen Gedanken sind oder ob wir das nur übernommen und als Wahrheit abgespeichert haben - wir haben also eine Schlussfolgerung übernommen, das ist so und das ist in Stein gemeißelt.

Sind das immer die richtigen Entscheidungen?
Haben Sie nicht auch schon einmal zwischen Verstandes- und Bauchentscheidung geschwankt, haben sich dann für den Verstand entschieden und später festgestellt, dass die Bauchentscheidung besser gewesen wäre, sich besser angefühlt hätte?

Und das Wort Krise wird im Chinesischen mit Gefahr oder Chance übersetzt.

Das Wort „Mut“ bedeutet im Lateinischen „Herz besitzen“, das Wort „Herz“ wiederum ist verwandt mit „Glaube“.

In der Schulmedizin und in der Wissenschaft ist das Herz einfach nur eine „Pumpe“, die das Blut durch den Körper transportieren soll.

Aber seit jeher gilt das Herz als Symbol der Liebe, als das Zentrum unserer Gefühle.
Was bedeutet nun „Mut“ oder „Herz besitzen“?
Um fest gefahrene Meinungen / Denkmuster, egal ob unsere eigenen oder von anderen übernommene, zu durchbrechen, müssen wir etwas ändern.

Wir müssen den Mut aufbringen, etwas anders zu machen als bisher, wir müssen das „Herz besitzen“, anders zu denken oder zu handeln als bisher.

> ***Es ist schwieriger, eine vorgefertigte Meinung zu zertrümmern als ein Atom.*** *Albert Einstein*

Sicher haben Sie auch schon mal gehört:
„Lieber bleibe ich meiner alten *gewohnten* Situation, bevor ich etwas Neues ausprobiere.“

So leben sehr viele Menschen tagein tagaus vor sich hin, mäßig zufrieden oder vielleicht auch gar nicht zufrieden, aber schließlich ist es eine sichere, bekannte, *gewohnte* Lebenssituation.
Für diese Gewohnheit nimmt man sogar eine Anstellung auf sich, die nicht zufrieden stellt, vielleicht gibt es sogar Schwierigkeiten mit dem Chef, aber es ist bekannt, bequem und sicher – was ist sicher? Gibt es Sicherheit irgendwo?
Sicherlich hat sich die Arbeitsplatzsituation heute geändert und es ist vielleicht nicht mehr so leicht, einen anderen Arbeitsplatz zu finden, nur häufig wird nicht einmal der Versuch gestartet, einen neuen zu finden, der Spaß macht, der motiviert und in dem die Stimmung gut ist.

Für diese *Gewohnheit* lebt man Beziehungen, die sich auseinander gelebt haben, die beiden Partnern womöglich keine neuen, belebenden Impulse mehr bietet.
Also eine Beziehung, in der ein Partner oder womöglich beide nicht mehr wachsen können, sich in seiner Persönlichkeit nicht mehr weiter entwickeln können.
Eine Beziehung, die einengt und nicht Freiheit ermöglicht.

Für diese *Gewohnheit* ändert man sein Umfeld nicht.

Für diese *Gewohnheit* ändert man nichts an einer schlechten oder mäßigen finanziellen Situation.

Nach dem Motto: „Lächle und sei froh, es könnte noch schlimmer kommen – er lächelte und es kam noch schlimmer!“ verharren wir in alten bekannten Gewohnheiten und so genannten Sicherheiten, selbst, wenn das Leben nicht so richtig Freude bereitet.

Aber mit diesen *Gewohnheiten* verwehren wir uns Möglichkeiten, neue Wege, die vielleicht viel besser sind, die mehr Lebensfreude bereiten, einfach, die Spaß machen und uns gut und glücklich fühlen lassen und die uns letztendlich weiter bringen.

Also, was ist nun die Konsequenz, um aus diesen Gewohnheiten auszubrechen?
Ein bisschen Mut, ein „Herz“ zu besitzen, um neue Dinge auszuprobieren, offen zu sein dafür, was einem auf dem Weg begegnet.

Alle äußeren Umstände sind das Ergebnis von inneren gedanklichen Vorgängen – das gilt für jeden –

und das bedeutet, dass wir uns erst im Inneren, in unseren Gedanken, bewegen müssen, bevor sich im Außen etwas ändern kann.

Wachstum

Was bedeutet Wachstum?
Das bedeutet, immer mehr zu dem Mensch zu werden, der man wirklich ist!

Frei von Rollenspielen, frei von Anpassungen, frei von Blockaden, frei von Begrenzungen (auch unseren eigenen).

Wir begrenzen uns selbst, indem wir uns sagen:

- ich kann das nicht
- ich traue mich nicht
- andere können es besser
- ich darf das nicht tun
- ich habe nicht die Möglichkeit
- ...

Mal ehrlich, nur, wenn wir etwas ausprobiert haben, können wir sagen, ob wir es können oder nicht. Nur dann können wir sagen, ob es uns Freude bereitet oder nicht. Nur, wenn wir etwas umgesetzt haben, gehandelt haben, stellen wir fest, wie unser Umfeld darauf reagiert.
Und ist es überhaupt wichtig zu wissen, wie unser Umfeld darauf reagiert. Ist es wichtig, dass unser Umfeld das gut findet?

Und jeder hat zu allem die Möglichkeit!
Es geht auch darum, nicht unserem Umfeld die Verantwortung dafür zu geben, dass wir etwas nicht umgesetzt haben oder gelebt oder getan haben.
Wer hat die Verantwortung für uns selbst – unser Umfeld oder wir?

„Wenn der Bauer nicht schwimmen kann, liegt es an der Badehose!“

Wir halten etwas oder jemand anders für schuldig an unseren Lebensumständen, wenn wir nicht unsere eigene Verantwortung übernehmen.
Im Englischen gibt es für diese Schuldzuweisungen einen Begriff: blame-game

Und wir lassen uns begrenzen – von unserem Umfeld.
Von der Familie, von Freunden, von Kollegen, von der Gesellschaft.
Woher sollen andere wissen, was für uns gut, was richtig ist.
Woher wissen andere, was wir können, was wir wollen?

In unserer Gesellschaft gibt es gewisse Tugenden, über Generationen weiter getragen, die wir als wahr empfinden. Das sind Tugenden wie Genügsamkeit, Enthaltsamkeit und vor allem Bescheidenheit.
Wozu führt das in uns wirklich? Zu Selbstzweifel, Angst und Minderwertigkeitskomplexen.

Aus Angst zu verletzen oder zur Last zu fallen oder jemandem nicht zu gefallen, nehmen wir uns lieber selbst zurück als für uns selbst einzustehen.
Bei manchen Menschen ist dies so ausgeprägt, dass sie eher bei dem anderen Menschen, bei dem Gegenüber sind als bei sich selbst, sich förmlich aufopfern – und das hat zur Folge, dass dieser Mensch sich selbst dabei vergisst, ja, gar nicht mehr weiß, wer er ist und was er alles kann.

Dann gibt es wieder die, die sich in ihrem Selbstmitleid baden – ja, die ganze Welt ist gegen mich, alle sind sie schlecht zu mir. Oder: ich kann dies nicht – ich kann jenes nicht…

Der Pädagoge John W. Gardner schrieb:

Selbstmitleid ist mit Abstand das schädlichste nicht pharmazeutische Betäubungsmittel; es macht süchtig, beschert kurzzeitig eine Art Wohlgefühl und isoliert sein Opfer von der Wirklichkeit.

In der Macht, sich selbst zu ändern, liegt die Macht, die Welt zu ändern!

Von Innen -> nach Aussen

Stufen

Wie jede Blüte welkt und jede Jugend dem Alter weicht,
blüht jede Lebensstufe, blüht jede Weisheit auch und jede Tugend zu ihrer zeit und darf nicht ewig dauern.
Es muss das Herz bei jedem Lebensrufe bereit zum Abschied sein und Neubeginne, um sich in Tapferkeit und ohne Trauern in andre, neue Bindungen zu geben.
Und jedem Anfang wohnt ein Zauber inne, der uns schützt und der uns hilft, zu leben.
Wir sollen heiter Raum um Raum durchschreiten, an keinem wie an einer Heimat hängen, der Weltgeist will nicht fesseln uns und engen, er will nur Stuf` um Stufe heben, weiten.
Kaum sind wir heimisch in einem Lebenskreise und traulich eingewohnt, so droht Erschlaffen.
Nur wer bereit zu Aufbruch ist und Reise, mag lähmender Gewöhnung sich entraffen.
Es wird vielleicht auch noch die Todesstunde uns neuen Räumen jung entgegen senden, des Lebens Ruf wird niemals enden...
Wohlan denn, Herz, nimm Abschied und gesunde!
(Hermann Hesse)

Das Leben ist eine Herausforderung, ein Lernen, ein Ausprobieren, es ist ein Abenteuerspielplatz –
Nicht eine Last, die man zu tragen hat!
Aber um es so zu sehen, muss **ich** mich dazu ***entscheiden***!

Begrenzungen von außen

Was ist mit unseren Begrenzungen, dass wir es als unmöglich erachten, beispielsweise € 10.000.- monatlich zu verdienen?
Es sind unsere eigenen Begrenzungen, wir können uns nicht vorstellen, dass wir etwas so gut können, dass wir damit soviel Geld verdienen könnten oder es einfach wert sind.
Wir können uns auch nicht vorstellen, dass uns das zusteht, dass wir es verdient haben.

Ich möchte dazu nur ein Beispiel aufführen:
Die Autorin Joanne K. Rowling (Harry Potter) ist quasi über Nacht von einer Sozialhilfeempfängerin zu einer erfolgreichen, weltbekannten Autorin geworden.

Warum funktioniert das? Weil sie selbst es für *möglich* hielt; weil sie selbst sich das *zugetraut* hat.

Es gibt viele Beispiele auf der ganzen Welt, die zeigen, dass es möglich ist.

Natürlich können wir nicht auf alles Einfluss nehmen, ich meine hiermit auch nicht die Opfer, die einem Tsunami zum Opfer gefallen sind. Naturkatastrophen und ähnliche Dinge können wir nicht beeinflussen, aber das betrifft vielleicht 1% aller Situationen, die wir im Leben erfahren. Was ist mit den anderen 99%?
Ein weiteres Beispiel für Beschränkung ist unsere Medizin.

Ich weiß, ganz schwieriges Thema; ich höre viele von Ihnen jetzt sagen: „Ja, bei der Gesundheitsreform, was bleibt mir denn da übrig... "
Ich hatte in meiner Praxis ein Paar, sie sagte zu dem Thema. „Es wird Zeit, dass sich da was verändert!", er sagte: „ Nein, es wird Zeit, dass wir etwas verändern!"

Das fand ich sehr treffend.
Natürlich lässt unser Gesundheitssystem zu wünschen übrig. Es ist sicher nicht richtig, dass beispielsweise ein Mensch mit Bluthochdruck in 2008 noch eine Bewegungstherapie vom Arzt verordnet bekommen hat (mit etwas Glück) und im Jahre 2009 er diese nicht mehr bekommt.
Es ist nun so, wenn dieser Mensch dauerhaft Tabletten einnehmen muss, gilt er ab sofort als chronisch krank.
Da es für chronische Kranke für die Krankenkassen finanzielle Unterstützung gibt vom Staat, ist es nicht mehr so interessant, dass er wieder gesund wird.

Es gibt massenhaft Beispiele, die ich hier aufführen könnte, was aber den Rahmen sprengt.

Fakt ist aber auch, dass wir zur Abgabe der Eigenverantwortlichkeit erzogen worden sind.
Wieso muss ich eigentlich erst zum Arzt gehen, um mir gegen Bluthochdruck Tabletten verschreiben zu lassen?

Wissen wir nicht alle mit unserem gesunden Menschenverstand, dass der Blutdruck sinkt, wenn ich mich bewege, wenn ich mich entsprechend ernähre und wenn ich für Entspannung in meinem Leben sorge.

Wir sind so erzogen worden, dass wir nur zum Arzt gehen müssen/können, uns eine Spritze geben lassen oder uns

Medikamente verschreiben lassen müssen, damit es uns wieder besser geht.

Viele kommen auf die Idee, dass man selbst vielleicht etwas ändern könnte, den Lebenswandel entsprechend ändern müsste, aber eben leider noch zu wenige.

Das unsere Medizin symptomorientiert ist und in den meisten Fällen nichts an den Ursachen ändert, stimmt aber leider auch.

Durch Medikamente oder Spritzen ändern wir in den wenigsten Fällen etwas an der Ursache und müssen womöglich noch sehr starke Nebenwirkungen in Kauf nehmen.

Teilweise ist es sogar abzuwägen, ob der Nutzen größer ist oder die Nebenwirkungen stärker sind.

Aber es ist so, dass man für eine Behandlung der Ursachen Zeit benötigt, Zeit, die die Ärzte in diesem System nicht haben, selbst, wenn sie es wollten.
Ein Arzt, der sich für den Patient eine Stunde Zeit nehmen würde, ist in zwei Monaten pleite!

Für eine Ursachenbehandlung benötigt man Zeit. Zeit, die nicht bezahlt wird. Außerdem kennt der Patient selbst in vielen Fällen selbst seine Ursachen am besten, wenn er sich seine Lebenssituation anschauen würde.

Ein weiteres Hindernis ist die wissenschaftliche Anerkennung mancher Therapien. Es gibt Therapien, die wirkungsvoll sind, aber deren Wirksamkeitsnachweis nicht erbracht werden kann wie z.B. die Osteopathie. Sie wird wohl von den privaten Krankenversicherern erstattet, aber nicht von der gesetzlichen Krankenkasse, wie alle anderen naturheilkundlichen Leistungen auch nicht.

Es stellt sich also die Frage, warum vergleichsweise kostengünstigere Therapien nicht bezahlt werden, aber teure Operationen, die man manchmal durch einfachere Maßnahmen hätte verhindern können, selbstverständlich bezahlt werden. Mal ganz abgesehen davon, dass der Patient sicher eher mit einer einfacheren Behandlung ohne Operation einverstanden ist.

Geht es hier wirklich um die Gesundheit des Patienten, um den Mensch, der sein Leiden loswerden möchte?

René Egli, Schweizer Ökonom, schreibt in seinem Bücher hierzu:
Ratio und Analyse begrenzen das menschliche Potential. Die Medizin stellt wohl eines der traurigsten Kapitel dar, was brutale Verurteilung Andersdenkender betrifft.
Und dies alles im Namen der Ratio! Und im Namen der Menschlichkeit! In Wahrheit geht es weder um Menschlichkeit noch um Erkenntnis: Es geht um Macht!

Meine Anmerkung dazu: um welche Macht geht es hier? Um die wirtschaftliche Macht! Es dringt mittlerweile genügend über die Medien an die Öffentlichkeit, dass sich jeder hier sein eigenes Bild machen kann, wenn er das will.

Den Weg zu den Quellen findest du nur, wenn du gegen den Strom schwimmst.
Laotse

Viele stellen sich die Frage, was kann ich tun, damit ich diese Krankheit los werde?
Ja, es gibt Medikamente gegen bestimmte Krankheiten.

Kaum einer stellt sich die Frage: Was kann ich tun, damit ich gesund bleibe?
Wieso tun wir erst etwas, wenn wir bereits krank sind?

Wäre es nicht sinnvoller, bereits vorher *präventiv* etwas zu unternehmen, so dass man gesund bleibt?
Ich vergleiche das jetzt mal mit einem Auto, was fast allen Menschen heilig ist, jedenfalls in Deutschland.
Das Auto bekommt eine Inspektion, es bekommt in regelmäßigen Intervallen neues Öl und wenn die Bremsen oder die Reifen abgefahren sind, werden diese selbstverständlich ausgewechselt.

Der Körper funktioniert ähnlich wie ein Auto. Natürlich fährt es auch noch eine ganze Weile mit altem, verschlacktem, zähem Öl. Können Sie den Tag vorhersagen, an dem es mit diesem alten zähen Zeug morgens nicht mehr anspringt? Können Sie das vorher irgendwie messen?
Dennoch bemerken Sie vorher keine wesentliche Veränderung; das Auto springt an, es bringt Sie dahin, wohin Sie wollen.

Und so ist es auch mit unserem Körper. Er funktioniert noch einwandfrei ohne Symptome bei einer Leistungsfähigkeit von 30 %, danach wird es kritisch, dann springt unser Körper eines Morgen auch nicht mehr an.

Was können wir nun tun, dass es erst gar nicht soweit kommt? Das sind mehrere Dinge, wie sieht unsere Inspektion aus?
Nun, da wäre zum einen die Bewegung, sprich Sport, zum anderen wäre da die Ernährung. Aber was ist noch alles drin in unserer Ernährung? Aber auch dafür gibt es Abhilfe, nämlich zusätzlich zugeführte Vitamine und Nährstoffe – Nahrungsergänzung.
Was ist mit unserem mentalen Ausgleich? Wie viele Menschen gibt es, die aufgrund ihres Berufes oder auch im Privatleben Burnout erleben, Menschen, die einfach ausgebrannt sind, die keine Energie mehr haben.

Wir sind in unserer Gesellschaft immer leistungsorientierter, schon in der Schulzeit. Viel zu wenige nehmen sich den zeitlichen Freiraum, um zu entspannen, um abzuschalten, um den Akku wieder aufzuladen.

Jedes elektrische Gerät braucht Strom, wenn der Akku von unserem Handy leer ist, wird er natürlich aufgeladen.
Nur von unserem Akku, von unserem Körper, erwarten wir, dass er ohne Pause, immer ohne Ladung funktioniert.
Und das gleiche erwarten wir von unserem Geist.

Hier gibt es zwei Extreme, bei dem einen muss der Geist immer funktionieren, bei dem anderen wird er gar nicht oder viel zu wenig gefordert.

Die gesunde Mischung aus Herausforderung und Entspannung wäre anzustreben.

> ***So wie das Eisen außer Gebrauch rostet und das still stehende Wasser verdirbt oder bei Kälte gefriert, so verkommt der Geist ohne Übung.***
>
> *Leonardo da Vinci*

Wir lassen uns nicht nur in dem Thema Gesundheit, Finanzen, Beruf begrenzen.

Wir alle kennen die Sätze:
„lass das lieber, das kannst du nicht... oder ....so etwas tut man nicht....lass das XY machen, der kann es besser... usw...

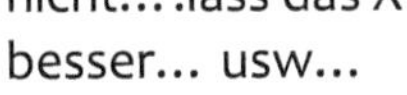

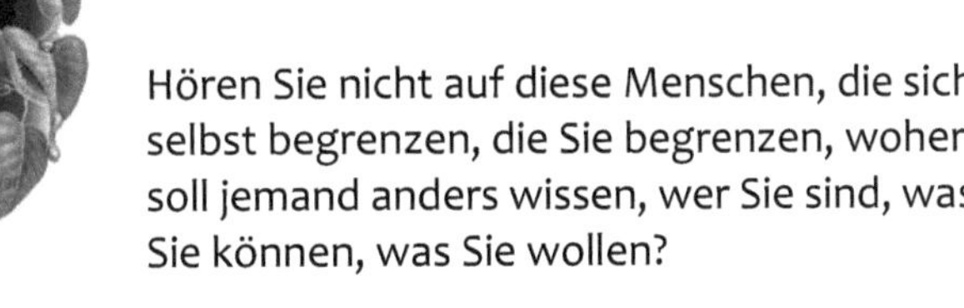

Hören Sie nicht auf diese Menschen, die sich selbst begrenzen, die Sie begrenzen, woher soll jemand anders wissen, wer Sie sind, was Sie können, was Sie wollen?

Kennen Sie die Fabel von dem Frosch?

Es war einmal ein Wettlauf der Frösche. Das Ziel war es, auf den höchsten Punkt eines Turmes zu gelangen. Es versammelten sich viele andere Frösche, um zuzusehen und ihre Artgenossen anzufeuern.
Der Wettlauf begann.
In Wirklichkeit glaubte keine von den Zuschauern daran, dass auch nur ein Frosch auf die Spitze des Turmes des Turmes gelangen könnte, und alles, was man hörte, waren Sätze wie: „Die Armen! Sie werden es nie schaffen!"
Die Frösche begannen, einer nach dem anderen, aufzugeben, außer einem, der weiterhin versuchte, auf die Spitze zu klettern.
Die Zuschauer fuhren fort zu sagen:
„Die Armen! Sie werden es nie schaffen!"
Und die Frösche gaben sich geschlagen, außer dem einen Dickschädel, der nicht aufgab.
Schlussendlich hatten alle Frösche ihr Vorhaben abgebrochen- nur jener Frosch hatte alleine und unter großer Anstrengung die Spitze des Turmes erreicht.
Die anderen wollten von ihm wissen, wie er das geschafft hat.
Einer der anderen Frösche näherte sich ihm, wie er es geschafft hätte, den Wettlauf zu gewinnen.
Da merkten sie……….- dass er taub war!

Hör nicht auf die Personen, die die schlechte Angewohnheit haben, pessimistisch zu sein…..
Sie stehlen dir die tiefsten Hoffnungen deines Herzens!
Denke immer an die Kraft der Worte, die du hörst oder liest
Bemühe dich deshalb immer, POSITIV zu sein.
Zusammenfassend: Sei immer taub, wenn dir jemand sagt, du könntest deine Ziele nicht verwirklichen. Mach´s gut.

Traue Dir etwas zu, traue Dich!

Schicksal

Alles im Leben hat seinen Sinn und dient einem Zweck – und hat immer auch eine gute Seite.

Alles im Leben kommt zu mir mit Freude, Leichtigkeit und Herrlichkeit, es kommt nur auf die Betrachtungsweise, auf meine Ansichten an.

Sicher, oft sind wir als Betroffener in einer Situation nicht in der Lage, das Gute daran zu sehen.

Wir alle haben uns schon gefragt: Warum ich? Warum muss das mir passieren?

Aber meistens haben wir im Nachhinein doch festgestellt, dass es gar nicht so schlecht war, das etwas Besseres nach folgte.

Beispielsweise hat jemand eine Kündigung von seinem Arbeitgeber, von seinem Brötchengeber, bekommen und erst einmal bricht die Welt zusammen. Wie geht es jetzt weiter, was soll ich tun? Wie kann ich mich und meine Familie ernähren?

Und dann hat derjenige eine neue Anstellung gefunden, bei der er zufriedener war, die Arbeit hat mehr Spaß gemacht, die Stimmung war besser, der Chef war besser und mehr Geld gab es auch noch.

Es kommt darauf an, ob wir uns in einer Situation hilflos sehen, uns als Opfer fühlen oder ob wir denken, es gibt für jedes Problem eine Lösung – also suchen wir nach der Lösung. Denken wir also besser in Lösungen, nicht in Problemen.

Ein Computerspezialist sagte mir einmal: Frage nicht, warum etwas nicht funktioniert, sondern frage danach, was kann ich tun, damit es wieder funktioniert.

Und so sollten wir es auch in unserem Leben halten:
Frage nicht danach, warum etwas nicht funktioniert oder nicht gut ist, sondern frage: was kann ich tun, um die Situation zu verbessern?

Das Leben ist ein Lernen, es ist eine Herausforderung, ich kann es annehmen, kann das Leben bejahen.

Sicher gibt es Dinge, die uns das Leben erschweren, Momente, die wir verdauen und verarbeiten müssen. Dinge, die uns Trauer, Leid, Schmerz und andere negative Gefühle bereiten.

Aber genau aus diesen Momenten lernen wir am meisten. Warum sollen wir uns bewegen, wenn es uns gut geht. Wir sehen es dann als Selbstverständlichkeit, dass es uns gut geht, dass wir gesund sind. Auch dass wir uns keine Sorgen über unser Einkommen machen müssen, wenn es uns gut geht. Erinnern sie sich: es ist alles unsere Entscheidung!
Wir entscheiden, was wir leben wollen.
Aber erinnern Sie sich auch: die Seele kennt keinen Schmerz, kein Leid, keine Trauer. Die Seele will nur lernen, will Erfahrungen sammeln, die sie noch nicht kennt.

Unser EGO wertet in Gut und Schlecht!
Und wie oft stellt sich heraus, dass unsere erste Wertung falsch war – dass, wie beschrieben, sich eine Erfahrung später als gut herausstellt.
Vielleicht kennen Sie folgende Parabel aus China:
Einem Bauern war ein Pferd entlaufen und die Dorfbewohner bedauerten ihn ob seines Pechs. Der Bauer aber sagte: „Ich weiß nicht, ob es nur Pech war.“ Kurz darauf kam das Pferd zurück zu seinem Hof und mit ihm eine Herde Wildpferde. Da gratulierten ihm die Dorfbewohner ob seines Gewinns. Der aber sagte: “Ich weiß nicht, ob das nur Glück war.
Als der Sohn des Bauerns eines der Wildpferde zureiten wollte, schmiss es ihn ab, und der Sohn brach sich ein Bein. Wieder bedauerten die

Dorfbewohner den Bauern ob seines Pechs. Der aber sagte erneut: „ Ich weiß nicht, ob das nur Pech war.“
Kurz darauf kamen Söldner des Kaisers ins Dorf und nahmen alle jungen Männer als Soldaten mit für einen neuen Krieg .Als sie aber den Sohn des Bauern mit seinem gebrochenen Bein sahen, ließen sie ihn in Frieden.

Gibt es ein Schicksal?
Wird der Mensch durch das Leben gelebt oder entscheidet der Mensch über sein eigenes Leben?
Ich rede hier von den 99 %, auf die wir Einfluss nehmen können.
Wir können uns immer für das eine oder für das andere entscheiden!
Es ist unsere eigene Wahl.
Wir haben die Wahl, Lebenssituationen mit Trauer, Schmerz und Verlust als Herausforderung anzunehmen, zu meistern und daran zu wachsen – oder daran zu scheitern.

Wir können das Leben ablehnen, die Herausforderung ablehnen und uns als Opfer des Lebens oder unserer Umwelt fühlen. Es mag in manchen Situationen der bequemere Weg sein, aber nicht der erstrebenswerte, der uns weiter bringt, der uns mehr zu unserer eigenen Vollkommenheit bringt.

Überwindung

Es geht darum, schwere Lebensumstände zu überwinden, um gestärkt daraus weiter fortzuschreiten, um zu wachsen.
Und mit jeder Erfahrung, die wir erleben, wachsen wir, werden stärker und größer.
Unsere Sicherheit und unser Vertrauen wachsen; wir erleben einen Umstand, meistern ihn und können uns daran erinnern. Bei der nächsten Herausforderung können wir dann sagen: So was Ähnliches habe ich schon mal erlebt und habe es geschafft! Also werde ich es auch dieses Mal wieder schaffen!

Selbstverständlich werden uns auf unserem Weg hin und wieder Steine in den Weg geworfen. Aber es gibt wie immer zwei Möglichkeiten: Entweder sehe ich diese Steine als unüberwindbares Hindernis, was mich keinen Zentimeter auf meinem Weg weiter bringt.
Oder aber ich nehme diese Steine, baue mir einen Weg oder eine Brücke daraus und brauche dann vielleicht etwas länger, um mein Ziel zu erreichen. Aber *ich* habe mir einen Weg geschaffen, um mein Ziel zu erreichen! Und das macht niemand anders für uns.

Auch aus Steinen, die einem in den Weg gelegt werden, kann man ein schönes Muster legen! Möglicherweise kann man sogar eine Treppe daraus bauen.
Und auch mit Fehlern sollte man nicht allzu lange warten, im Gegenteil:
Es ist ein großer Vorteil im Leben, die Fehler, aus denen man lernen kann, möglichst früh zu begehen.

(Winston Churchill)

Henry Ford sagte einmal:
Es gibt viel mehr Menschen, die freiwillig aufgeben, als solche, die echt scheitern!
Nicht alle Probleme, die wir zu bewältigen haben, lösen sich über Nacht.
In manchen Phasen gilt es auch, Geduld und Gelassenheit zu üben, aber das Ziel dabei nie aus den Augen zu verlieren.
Den Focus auf das Ziel ausgerichtet, begegnen uns links oder rechts auf unserem Weg Signale, die uns den weiteren Weg zeigen.
Hierzu habe ich einmal ein schönes (Traum)bild erzählt bekommen:
„Ich stand vor einer Brücke und wusste nicht, wie ich über den Fluss kommen soll. Also musste ich erst eine Brücke bauen, bevor ich weiter konnte.“

Nicht alle Dinge können sofort gelöst, entschieden werden, manches braucht Zeit….

Stellen Sie sich vor, Sie sind nachts mit dem Auto in einer Gegend unterwegs, in der Sie sich nicht auskennen.
Sie wissen dann auch nicht vorher, ob es an der nächsten Kreuzung links oder rechts ab geht, außerdem sehen Sie bei Dunkelheit nur soweit, wie Ihre Scheinwerfer ausleuchten. Sie wissen immer nur für die nächsten erhellten Meter, wo es lang geht; an dem nächsten Punkt angekommen, sehen Sie wieder ein Stück weiter.

Und so ist es doch auch in unserem Leben, und so kommen wir immer ein Stück weiter und weiter, der nächste Abschnitt unseres Weges wird ausgeleuchtet, wir können den nächsten Lebensabschnitt sehen, wir kennen auch unser Ziel, aber wie der gesamte Weg dorthin aussehen wird, können wir nicht vorher bestimmen. Warum sollten wir nicht auch kleine Umwege in Kauf nehmen, um dort noch etwas Interessantes zu sehen oder zu erfahren, was uns weiter helfen kann. Warum sollten wir nicht die Augen offen halten, was uns auf dem Weg begegnet, vielleicht erfahren wir dann noch von einem viel besseren Weg, der uns zu unserem Ziel bringt.

Grundsätzlich gibt es nur vier Richtungen, in die wir uns bewegen können:

1. der Fortschritt
2. der Rückschritt
3. uns im Kreis drehen (um unser Ziel herum)
4. Stillstand

Manche Wege erscheinen uns leichter, manche schwerer, aber nicht immer ist der leichtere Weg gleichzeitig auch der, der uns an unser Ziel bringt. Häufig sind es sogar die schwereren, hier können wir aber auch mehr lernen.

Nun, Niederlagen sind manchmal schwer zu verdauen, vielleicht benötigen wir eine Phase der Ruhe, bevor wir weiter gehen können oder wollen.

Und manchmal hat das Scheitern auch was Gutes, danach sehen wir vielleicht bessere Lösungsmöglichkeiten.

> ***Niederlagen machen dich stärker, du nutzt sie als Sprungbrett. Schließe die Tür zur Vergangenheit. Versuche nicht, deine Fehler zu vergessen, aber halte sie dir nicht dauernd vor. Lasse sie nichts von deiner Energie, deiner Zeit oder deines täglichen Lebens in Beschlag nehmen.***
> *Johnny Cash*

Gedanken

Wir sind, was wir denken, Gedanken sind Energien; worauf wir unsere Gedanken richten, also mit was wir uns beschäftigen, bekommt Energie, wächst und wir ziehen es wie magnetisch in unser Leben (Gesetz der Anziehung). Das ist keine Esoterik, sondern spätestens seit Kenntnis der Quantenphysik Wissenschaft.

Where attention goes, energy flows...

Unsere Gedanken sind die Basis, die Grundlage für alle Ergebnisse in unserem Leben. Die Quantenphysik sagt: Alle Möglichkeiten dieses Universums gibt es bereits. Wir gehen mit der Möglichkeit in Resonanz, wir ziehen die Möglichkeit an, die unserer Einstellung, unserem Denken entspricht. Mit unserem Denken *wählen* wir die Realität, die wir erleben.
In unserem Innen, in unseren Gedanken, entsteht das Außen, unsere Realität.

Wenn wir also denken, wir schaffen etwas nicht, dann werden wir es auch nicht schaffen.
Wenn wir denken, wir haben es nicht verdient, erfolgreich zu sein, dann werden wir es nicht sein.
Wenn wir denken, diese Krankheit nie zu besiegen, dann werden wir sie nicht besiegen.

Der Meister seines Schicksals sein

Die meisten von uns denken, dass es äußere Kräfte sind, die uns zu Erfolg oder Misserfolg führen. Wenn wir glauben, über diese Kräfte keine Macht zu haben, dann wird jede Veränderung, jede Herausforderung zu einem reinen Glücksspiel. Da wir aber nichts riskieren wollen, verharren wir lieber in dem beruhigenden, gegenwärtigen Zustand.

Veränderungen aber sind etwas ganz Natürliches. Veränderungen sind etwas, auf das du dich freuen sollst mit positiver Erwartung und Zuversicht. Siehe einer Veränderung mit der festen Überzeugung entgegen, dass etwas Gutes passieren wird.

Glaube daran und es wird geschehen.

Wenn wir aber denken, wir schaffen das, dann werden wir das auch schaffen.
Wenn wir denken: ich bin gut, ich habe es verdient, erfolgreich zu sein, dann werden wir es auch sein.
Und wenn wir denken, ich besiege diese Krankheit, dann können wir das auch schaffen.

An der Ernte können wir nichts ändern, wohl aber haben wir die Entscheidung, was wir aussäen. Wir können Unkraut aussäen, jedoch können wir auch die schönste Rosenart aussäen.

Niemand schreibt uns vor, was wir zu säen haben, niemand schreibt uns vor, was wir *denken* sollen, das ist ganz allein die Entscheidung von jedem einzelnen selbst.

Aber der Gedanke alleine reicht nicht aus. Ich kann denken: Morgen bekomme ich meinen Traumjob! Dann gehe ich wieder zum Alltag über und glaube aber nicht so richtig daran, dass ich morgen meinen Traumjob bekomme. Bisher hat es ja auch nicht funktioniert...
So können wir warten, bis wir schwarz werden.

Was fehlt, ist der *Glaube*.
Wenn der Gedanke gepaart mit dem Glauben in unserem Bewusstsein wahr und richtig ist und sich für uns gut anfühlt, dann können wir danach auch handeln. Dann ziehen wir auch entsprechende Situationen in der Realität an.

Warum sollte sich etwas erfüllen, wenn wir selbst nicht einmal daran glauben, das ist wohl sehr unwahrscheinlich.

Viele Menschen haben schon viele Bücher über Positives Denken gelesen und haben später vielleicht gesagt: das funktioniert doch gar nicht!
Denken alleine reicht nicht, ich muss daran glauben, ich muss es fühlen können, ich muss an mich selbst glauben, dann kann ein Gedanke sich manifestieren, dann kann das Innen im Außen entstehen und zur Realität werden.

Wenn wir etwas *wirklich* erreichen wollen, wenn wir etwas *wirklich* haben wollen, dann setzen wir alle möglichen Hebel in Bewegung, um unser Ziel zu erreichen, oder nicht? Wir fühlen das Feuer in uns, weil wir etwas haben wollen.
Wenn jemand unbedingt einen Ferrari haben will und sich dann zuhause mit einem Spielzeuglenkrad in den Sessel setzt, sich so fühlt, als wenn er in seinem Ferrari sitzt, dann wird er ihn bekommen.
Und jeder weiß, dass wir ungeahnte, nahezu übermenschliche Kräfte entwickeln können, wenn etwas wirklich wichtig ist.

Wir müssen unser Ziel kennen, nicht den Weg, der dorthin führt; der wird sich ergeben, der kann links entlang gehen oder rechts, oder vielleicht in der Mitte durch.

Wenn in einer Seele das Feuer entfacht ist, dann erscheint nichts mehr unmöglich.

Erst ist der Gedanke, der sich für uns gut anfühlt, dieser Gedanke muss in das Bewusstsein kommen, wir müssen es fühlen, riechen, hören, ein Bild davon haben, wie es aussieht und wir müssen dann aber auch etwas

T ag

U nd

N acht.

Es ist nicht wichtig, WIE der Weg zu unserem Ziel aussieht, es ist wichtig zu wissen, ***WARUM*** wir dieses Ziel erreichen wollen. Stellen Sie sich die Frage, ***WARUM*** wollen Sie das erreichen, das eine haben, das andere sein!
Und behalten Sie den Focus auf Ihr Ziel!
Das Geheimnis des Erfolgs ist die Konstanz eines Lebensziels.

Entscheiden Sie selbst, ob Ihr Glas halb leer oder schon halb voll ist!
Sie entscheiden über Ihre Lebensqualität und was sie leben wollen -

niemand anders! Auch wenn die ein oder andere Situation schwierig wird, behalten Sie Ihren Humor.

Wer schon des Morgens dreimal schmunzelt, bis mittags nicht die Stirne runzelt und abends singt, dass laut es schallt, wird 120 Jahre alt!

Erfolg

Für jeden ist Erfolg etwas anderes, jeder definiert es anders, jeder möchte etwas erreichen.

Was tun wir wirklich dafür, damit wir etwas erreichen, oft bleibt es, wie schon gesagt, beim Gedanken, die Handlung folgt nicht – und so warten viele immer noch auf ihr nicht erreichtes Ziel.

Oft hindert uns aber auch unser Perfektionismus, zu handeln. Wir denken: das ist noch nicht gut genug, also tue ich das lieber nicht. Manche Dinge passieren so oft nie! Die Glühbirne hat auch nicht beim ersten Versuch gebrannt, kein Plan war am Anfang perfekt, sondern er wurde besser und besser in der Umsetzung – durch das TUN! Fehler erkennt man beim Tun, dann kann man sie verbessern – und daraus lernen.

> ***Es ist besser, unvollkommene Entscheidungen durchzuführen, als ständig nach vollkommenen Entscheidungen zu suchen, die es niemals geben wird.***
>
> *Charles de Gaulle*

Manche Dinge benötigen Zeit und alles fängt im Kleinen an. Stellen Sie sich vor, Sie säen ein kleines Samenkorn, aus dem eines Tages eine große, mächtige, starke Eiche wird.

Sie wird auch nicht groß und stark über Nacht, sie braucht Jahre dafür.
Haben Sie die Geduld, die notwendig ist, aber tun Sie immer etwas dafür. Gießen Sie Ihre Eiche, vor allem am Anfang benötigt sie Pflege, damit sie groß und stark wird. Sorgen Sie dafür, dass sie einen Boden, einen guten Nährstoff hat.
Und sorgen Sie dafür, dass Sie mit ihren Samen nicht zuviel Umkraut säen, bevor Sie das Unkraut wieder entfernen müssen oder vielleicht sogar nicht mehr Herr darüber werden.

So wie Ihre Saatgut aussieht, sieht Ihre Ernte aus.

Es gibt drei große Bereiche im Leben, der eine hat auf den anderen Einfluss, wenn ein Bereich sich verändert, werden sich die anderen mit verändern.

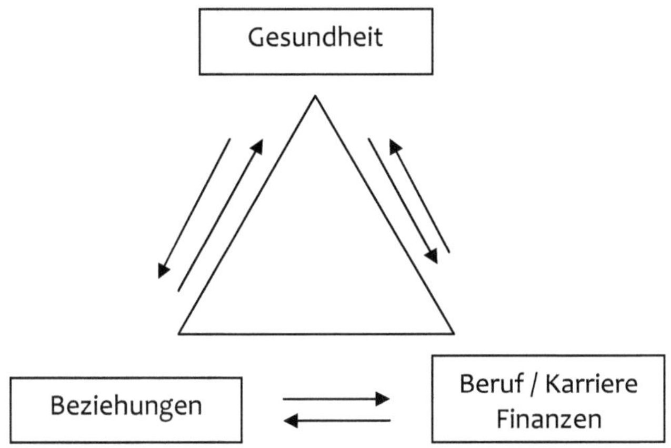

Herr X bekommt von seinem Arbeitgeber ein Projekt übertragen, dessen Präsentation in drei Wochen durchgeführt werden soll. Er denkt: „Oh Gott, nur drei Wochen, das ist aber wenig Zeit, das

schaffe ich nie, außerdem weiß ich gar nicht, wie ich das inhaltlich machen soll.“
Der Zeitpunkt der Präsentation ist gekommen, Herr X führt sie durch und die Resonanz der Zuhörer ist schlecht, sein Arbeitgeber ist nicht zufrieden und die beiden geraten in ein Streitgespräch.
Herr X kommt abends mit schlechter Laune nach Hause, er macht sich Sorgen um seinen Job und es wird eh immer teurer, die Familie satt zu kriegen, das Geld wird knapp usw.
Erst leidet die gute Stimmung in der Familie, langfristig die Beziehung und irgendwann leidet dann auch die Gesundheit, was dann wieder Geld kostet.

Genauso funktioniert dieser Kreislauf aber auch anders rum:

Herr Y bekommt von seinem Arbeitgeber ein Projekt übertragen, dessen Präsentation in drei Wochen durchgeführt werden soll. Er denkt: „Schön, eine neue Herausforderung, wie gehe ich das Projekt am besten an?“ Er überlegt sich eine Strategie, wie er das Projekt präsentieren wird mit welchen Inhalten.
Der Zeitpunkt der Präsentation ist gekommen, Herr Y führt sie durch und erntet große Anerkennung. Sein Arbeitgeber bekommt durch die Präsentation neue Aufträge und Kunden und spricht Herrn Y seine Anerkennung und Lob aus, außerdem teilt er mit, dass er für seine gute Arbeit eine Gehaltserhöhung bekommt.
Herr Y kommt abends gut gelaunt nach Hause, seine Familie freut sich darüber, die gute Laune überträgt sich auf die Beziehung, ohne Stress lebt es sich gesünder, und der finanzielle Bereich wird auch besser.

Das Erreichen von Zielen steht für ein Verhalten, es ist das Ergebnis von etwas!

Das bedeutet auch, dass unser Erfolg direkt abhängig ist von unseren Gedanken. Die Gedanken sind der Ausgangspunkt für unsere Aktionen, welche uns einem bestimmten klaren Ziel näher bringen. Dieses Ziel muss dem ureigensten Lebensmotto und Motiv adäquat sein, es muss stimmig sein. Es muss unser Ziel sein, was wir wirklich wollen, wir müssen wissen, warum wir es wollen; es funktioniert nicht, wenn wir das Ziel einer anderen Person verfolgen oder wenn uns jemand sagt: „Das muss dein Ziel sein!"

> ***Es gibt nur einen Erfolg –***
> ***Lebe dein Leben nach deinen eigenen Vorstellungen!***
>
> *Christopher Morley,*
> *Autor*

Also was müssen wir tun, um Erfolg zu haben?

Wir müssen bei den Gedanken anfangen.
Haben Sie mal 12 Stunden lang sich jeden einzelnen Ihrer Gedanken genauer angesehen?
Wenn nicht, dann machen Sie sich bitte die Mühe – sie werden feststellen, wie viel negative Gedanken dabei sind – erfolgshemmende Gedanken, selbst, wenn Sie eine positive Lebenseinstellung haben.

Also müssen wir anfangen, unsere Gedanken zu kontrollieren, welche für uns richtig, Erfolg versprechend sind und welche, die uns eher hemmen.

> ***Erfolg beginnt damit, deine Gedanken zu meistern.***
> ***Wenn du nicht kontrollierst, was du denkst,***
> ***kannst du auch nicht kontrollieren, was du tust!***
>
> *Napoleon Hill,*
> *Autor*

Viele von Ihnen kennen sicherlich noch den Versuch aus dem Physikunterricht aus der Schulzeit:

Stimmgabel 1 auf einem Holzkästchen wird angestoßen, sie erzeugt einen Ton. Wenn Stimmgabel 2 daneben stehend die gleiche Frequenz hat, erzeugt diese ebenfalls einen Ton, ohne, dass sie angestoßen wird.
Genauso funktioniert unsere Schwingung: Andere Menschen oder Dinge oder Ereignisse können sich dem Schwingungsfeld nicht verweigern, wenn sie mit unserer erzeugten Frequenz in Resonanz gehen.
Das ist das Gesetz der Anziehung.

Somit ziehen wir uns die Dinge in unser Leben, die wir erfahren wollen, irgendwann vorher haben wir die Entscheidung getroffen.
Das ist manchmal schwer zu begreifen, aber wenn wir Mangel denken, dann bekommen wir ihn.
Wenn wir Reichtum, Erfolg denken, dann bekommen wir ihn.
Reichtum beginnt nicht im Geldbeutel oder auf dem Konto, sondern im Kopf.

Es bedeutet auch nicht zwangsläufig, dass jeder, der Erfolg hat, auch Geld hat. Für jeden ist Erfolg etwas anderes, für mich ist Erfolg, wenn jemand nicht nur viele gute Ideen und Pläne hat, sondern diese auch umsetzt und ausführt, sie zu Realität werden lässt. Und wenn diese Realität zum Gemeinwohl ist, wenn anderen dadurch also geholfen ist, werden diese gerne helfen, dass die Finanzen wachsen.

Denken Sie so, als seien Sie erfolgreich, fühlen Sie Ihren Erfolg und wissen Sie, warum Sie Ihr Ziel erreichen wollen, und der Erfolg wird sich einstellen.

Und trauen Sie sich etwas zu, vertrauen Sie sich selbst.
Sie können weit mehr, als Sie von sich selbst glauben.

Und noch etwas: Glauben Sie nicht, das erfolgreiche Menschen keine Fehler machen, ganz im Gegenteil, sie haben in ihrem Leben eine ganze Menge Fehler gemacht. Sie haben nicht nach dem Motto gelebt: wenn ich nichts tue, mache ich auch nichts falsch. Mit dieser Einstellung kommen wir nirgendwo hin.
Sie haben Fehler gemacht – und sie haben daraus gelernt. Sie wussten, wie etwas nicht funktioniert – und daraus entstehen bessere Lösungsmöglichkeiten.
Und etwas nicht zu erreichen, ist keine Frage von Schuld oder Fehlern – sondern von Verantwortung.

Wenn wir fortschreiten möchten, dann dürfen wir die Geschichte nicht wiederholen, sondern müssen eine neue Geschichte erschaffen.

Mahatma Ghandi

"Unsere tiefste Angst ist es nicht, dass wir unzureichend sind. Unsere tiefste Angst ist, dass wir unglaublich kraftvoll und schöpferisch sein können. Es ist unser Licht, dass wir fürchten, nicht unsere Dunkelheit". Wir fragen uns: "Wer bin ich denn schon, dass ich, talentiert, leuchtend, und kreativ sein darf?" Aber wer bist Du denn, dass Du es nicht sein darfst? Du bist doch ein Teil eines unbegreiflich schöpferischen Universums, ein Kind der Natur und seiner unbegrenzten Möglichkeiten! Wenn Du Dich und Deine Fähigkeiten verleugnest, dient das bestimmt nicht der Welt. Es ist nichts Erleuchtendes dabei, wenn Du Dich begrenzt, nur damit Andere sich in ihrer eigenen Begrenztheit bestätigt fühlen. Du wurdest geboren, um das Licht der wunderbaren Schöpfung strahlen zu lassen, welches in uns allen ist. Und wenn wir unser Licht erstrahlen lassen, geben wir anderen Menschen die Erlaubnis, dasselbe zu tun. Wenn wir uns von unserer sinnlosen Angst befreien, werden wir allein durch unsere Gegenwart auch Andere befreien!"

Nelson Mandela

Stress

Es gibt zwei Arten von Stress, den Distress und den Eustress.

Der Eustress ist der positive Stress, der uns eine Herausforderung bietet, etwas zu erreichen. Der Stress, der uns antreibt, damit wir etwas erreichen.

Der Distress hingegen schadet uns nur. Wenn wir uns überfordert fühlen, wenn wir das Gefühl haben, zu wenig Zeit zu haben, wenn

wir das Gefühl haben, einer Situation nicht gewachsen zu sein, dann erreichen wir nichts.
Aber der größte Teil dieses Stresses ist hausgemacht. Wir wollen alles perfektionieren, wir meinen, wir müssen immer funktionieren. Das Ergebnis ist, dass wir nicht wissen, was wir zuerst machen sollen und so fünf Dinge gleichzeitig tun und davon nichts richtig. Andere Dinge, die gut genug wären, geben wir nicht frei oder setzen sie nicht um, weil wir meinen, sie sind nicht gut genug. Lieber warten wir ab, bis der Tag kommt, an dem es perfekt ist.
Was ist, wenn der nie kommt? Schade um die gute Idee!

Dann verbringen wir eine Menge Zeit mit unwichtigen Dingen, die hätten warten können. Anstatt uns erst mit den wichtigen Dingen zu beschäftigen, lenken wir uns mit den unwichtigen ab. Das führt dann dazu, dass wir unserer Zeit hinterher rennen, weil wir irgendetwas wieder nicht fertig bekommen haben.
Organisieren Sie Ihre Zeit, trennen Sie Wichtiges von Unwichtigem und setzen Sie Prioritäten. Müssen Sie alles selbst erledigen oder können Sie vielleicht auch einen Teil an andere übertragen?
Außerdem funktioniert kein Mensch immer nur unter Höchstbelastung und unter Höchstbelastung. Das führt früher oder später dazu, dass gar keine Leistung mehr erbracht werden kann, weil der Körper und der Geist ausgebrannt sind.

Der Körper und der Geist funktionieren dann am besten, wenn sie eine gesunde Balance zwischen An- und Entspannung haben, das bedeutet, jeder von uns benötigt seine Ruhephasen, in denen man sich zurück ziehen kann, das tun, was man möchte oder einfach nur die Seele baumeln lä8t.
Genauso benötigen wir aber auch die Anspannung, um nicht träge zu werden. So wie der Körper Training benötigt, braucht der Geist genauso die Herausforderung.

Haben Sie mal beobachtet, was Spitzensportler tun, um volle Leistung bringen zu können. Sie trainieren hart, aber vor dem

Wettkampf ziehen sie sich zurück, gehen in sich und bereiten sich mental darauf vor.
Sportler und auch andere erfolgreiche Menschen arbeiten sehr viel mit Mentaltraining, damit sie ihre volle Leistungsfähigkeit bringen und/oder steigern können.

Also meinen Sie bitte nicht, immer funktionieren zu müssen, immer parat zu stehen, sondern gönnen Sie sich Ihre Ruhephasen, ansonsten sorgt Ihr Körper dafür, dass er sich seine Zwangspausen nimmt.
Ihnen ist sicher bei einigen Menschen oder vielleicht sogar bei Ihnen selbst aufgefallen, dass man oft im Urlaub krank wird.
Warum? Weil viele sich nur im Urlaub gestatten, mal einen Gang zurück zu schalten.

Mitmenschen

Sie sind der Durchschnitt von den fünf Menschen, mit denen Sie sich am häufigsten umgeben!

Was bedeutet das?
Ich hatte vorher das Resonanzprinzip angesprochen, d.h. man geht in Resonanz mit einer Schwingung, mit einer Frequenz, die ausgesendet wird.

Sie haben jetzt beispielsweise Menschen um sich herum, die sich nichts zutrauen, die nichts erreichen, weil sie kein Vertrauen in sich selbst haben.
Ist das förderlich für Ihr Selbstbewusstsein? Nein.
Umgeben Sie sich mit Menschen, die sich selbst schätzen, die sich selbst vertrauen, die Ziele haben und diese vor allem auch erreichen.

Sie haben beispielsweise Menschen um sich herum, die nicht mehr daran glauben, dass es harmonische Beziehungen im Leben gibt. Ist das förderlich für Sie, wenn Sie hören: „Pass auf, das kann nicht gut

gehen, derjenige oder diejenige verhält sich dann bestimmt so und so, ich habe das schon erlebt!"
Schalten Sie auf Durchzug und machen Sie selbst Ihre Erfahrungen; die sind vielleicht viel positiver.

Umgeben Sie sich mit Menschen, die Ihnen wohlgesonnen sind, die Sie achten und respektieren, so, wie Sie sind, die freundlich zu Ihnen sind. Menschen, die Ihnen vielleicht nur einfach mal so ein Lächeln schenken.
Haben Sie mal ausprobiert, wie lange Sie es schaffen, schlecht gelaunt zu sein oder negativ zu denken, wenn Sie lächeln?
Nicht lange..

Sie haben beispielsweise Menschen um sich, die sich nichts wert sind, und weil sie denken, dass sie nichts wert sind, erhalten Sie auch keine Wertschätzung von außen, weder persönlich noch in finanzieller Hinsicht.
Jemand, der sich selbst nichts wert ist, kann auch nicht glauben, dass er es wert ist, viel Geld zu verdienen.

Umgeben Sie sich mit Menschen, die sich selbst auch mal loben können, dass sie etwas gut gemacht haben. Wenn sie daran glauben, dass sie etwas gut gemacht haben, dann glauben sie auch daran, dass sie dafür Wertschätzung verdient haben.
Umgeben Sie sich mit Menschen, die Ausdauer besitzen, die den Focus auf ihr Ziel nicht gleich wieder verlieren, wenn mal etwas nicht so klappt, wie es klappen sollte.
Menschen, die die Ausdauer und die Gelassenheit besitzen, stetig an ihrem Ziel zu arbeiten, bis Sie es erreicht haben, und nicht vorher aufgeben.
Und umgeben Sie sich mit Menschen, die einen glücklichen Moment genießen können und nicht gleich wieder die nächste Gewitterwolke am Himmel sehen.
Lassen Sie sich von ihrer Freude anstecken, erleben und fühlen Sie selbst die Freude!

Umgeben Sie sich Menschen, von denen Sie lernen können!

– und glauben Sie an sich und ihren Weg.
Was ist Glaube überhaupt? Viele suchen im Außen ihren Glauben, glauben an eine Religion oder eine Kultur.
Viele sind ihr Leben lang auf der Suche nach *dem* Lehrer, der den richtigen Glauben vermittelt. Das ist in Ordnung – viele Impulse erhält man von außen, die uns lehren, die uns weiter bringen, die uns den Weg zeigen. Umso mehr wir wissen, umso mehr wir kennen gelernt haben, desto mehr können wir uns unser eigenes Bild machen, unsere eigene Gedanken machen – immer mehr zum Selbstdenker werden. Wir brauchen keine übernommenen Denkmuster, die wir von irgendjemandem irgendwann mal übernommen haben, ohne sie selbst zu hinterfragen.
Letztlich entwickelt sich jeder Glaube in uns innen drin, jeder hat andere Werte, an die er glaubt, andere Dinge, andere Götter, andere Kulturen, andere Konzepte...

Und alle haben wir Recht! – Wenn Sie glauben, sie schaffen diese oder jene Situation nicht, dann haben Sie Recht!
Und wenn Sie glauben, Sie meistern diese oder jene Situation – dann haben Sie auch Recht!

Persönlichkeiten

Was ist Persönlichkeit? Was macht Persönlichkeit aus? Sind wir nur diese eine Person?

Widerstreitende Gedanken und Empfindungen, Zwiespalte sind wohl jedem bekannt. Die Aufspaltung in Unter-Persönlichkeiten hat nichts mit Persönlichkeitsspaltung zu tun, sondern ist ein Denkmodell, ein hilfreiches Arbeitsmittel, um bei innerer Zerrissenheit seine Kräfte wieder zu bündeln.

Ich möchte Ihnen ein Modell vorstellen:
Stellen Sie sich vor, Ihre Persönlichkeit besteht aus einem Chef, einem Kapitän, und einer Crew.

Der Kapitän denkt, delegiert, filtert und die Crew führt aus:

5 % Bewusstsein = Kapitän

Kritische Fakultät

95 % Unterbewusstsein = Crew

Zig Tausend Impulse strömen in jeder Sekunde auf unser Gehirn ein, nur ein kleiner Bruchteil wird bewusst wahr genommen. Dennoch entscheiden wir, was wir durch lassen, was wir als wahr und / oder als möglich erachten aufgrund unserer schon erlebten und gespeicherten Erfahrungen. Diese Dinge werden in das Unterbewusstsein durch gelassen, der Rest wird raus gefiltert. Das bedeutet, dass wir viele Möglichkeiten, viele Wege von vornherein ausfiltern, gar nicht erkennen können, weil unsere ***kritische Fakultät*** diese Möglichkeit ausschließt.

Andere Möglichkeiten werden deswegen ausgeschlossen, weil wir diese Erfahrung, dass Möglichkeit XY funktioniert, noch nicht gemacht haben und daher als unmöglich aussortiert wird.

Und doch ist es manchmal so, dass wir uns selbst nicht einig sind, dass der eine Teil sagt: das ist richtig! Und der andere Teil sagt: das ist falsch! Sie wollen etwas und wollen es doch nicht! Oder Sie haben etwas erreicht und sind dennoch nicht glücklich.

Erweitern wir das Modell noch etwas:

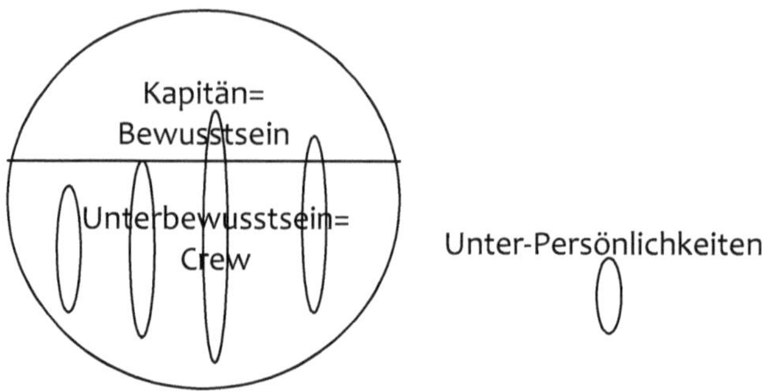

Gehen wir davon aus, dass die Crew das Beste für den Kapitän möchte, jeder der Crew hat aber einen anderen Denkansatz. Unsere Persönlichkeit besteht aus Bewusstsein und Unterbewusstsein. Unsere Unter-Persönlichkeiten sind mit anderen Worten Handlungsmöglichkeiten oder Wünsche, Bestreben. Teilweise dringen diese vom Unterbewusstsein ins Bewusstsein. Und so kommt es zu Vermischungen, dazu, dass wir in unserem Bewusstsein manchmal das Gefühl des „in sich nicht einig sein" bekommen.

Nun stellen Sie sich ein weiteres Bild vor:

Wir orientieren uns wie gesagt an unseren inneren Erfahrungen, was im Außen, in der Welt möglich ist.

Stellen Sie sich eine Landkarte vor von der Welt, die Ihr Geist gezeichnet hat.

Menschen orientieren sich in der Welt nach ihrer individuellen mentalen Landkarte von der Welt.

Wir nehmen nicht die „Dinge, wie sie sind“ wahr, sondern unsere innere Interpretation von diesen Dingen.

Beispiel: Zwei Menschen beobachten einen Fallschirmspringer.
Der eine Mensch denkt: Oje, diese Gefahr, das würde ich mich nie trauen, einfach zu springen, was dabei alles passieren kann..
Der andere Mensch denkt: Muss das ein tolles Erlebnis sein, wie fliegen, so frei zu sein in der Luft, das würde ich auch gerne mal..
Sehen beide Personen das gleiche Bild? Ja, das tun sie, nur der eine interpretiert es völlig anders als der andere.

Stellen Sie sich nun einmal vor, dass das eine Mitglied Ihrer Crew sagt: da geht's lang und das andere Mitglied sagt: dort geht's lang. Bei innerer Zerrissenheit, ist es schwierig, einen Weg zu finden. Versuchen Sie, herauszufinden, was die beiden Mitgliedern der Crew genau tun und an welcher Stelle sie nicht übereinstimmen. Sie können nun sehen, welche Vorschläge die beiden machen. Sie können die guten Absichten des anderen klar machen und sie zu einer sinnvollen Zusammenarbeit bewegen.

Die Dinge sind so, wie sie sind.
Aber unsere Sichtweise, unsere mentale Landkarte können wir verändern, verfeinern und immer wieder anpassen.
Wir lernen immer etwas dazu, aber eben nur, wenn wir unsere Sichtweise überprüfen und überdenken.

Durch was wird denn unsere Mentale Landkarte informiert?

Wir alle haben mehrere Kanäle der *Wahrnehmung*:
Das sind unsere Sinneskanäle:

1. Visuell (Sehen)
2. Auditiv (Hören)
3. Kinästhetisch (Fühlen)
4. Olfaktorisch (Riechen)

5. Gustatorisch (Schmecken)

Bei den meisten Menschen ist ein Kanal oder vielleicht auch zwei besonders intensiv.

Wir alle kennen zum Beispiel die Situation, dass uns ein bestimmter Geruch an eine bestimmte Situation erinnert.
War die Situation positiv, mögen wir diesen Geruch.
War sie aber negativ, werden wir diesen Geruch nicht mögen.

Das bedeutet eben auch, dass der eine Mensch diesen Geruch mag und der nächste nicht.
Und so ist das mit allen Sinneseindrücken, die wir wahr nehmen, filtern und danach entscheiden, ob sie positiv oder negativ sind.

Umso offener, umso geschulter unsere Wahrnehmung ist, desto mehr Eindrücke können wir auch aufnehmen.
Desto mehr Möglichkeiten können wir überhaupt erkennen.

Überprüfen Sie mal Ihre eigene Wahrnehmung:
Angenommen, Sie saßen vor einer Stunde neben einer fremden Person im Café und in der S-Bahn.
Können Sie sich daran erinnern, welche Kleidung diese Person an hatte, welche Haarfarbe sie hatte?

Nun, so ist unsere Wahrnehmung; die meisten werden jetzt sagen: weiß ich nicht.
Aber genauso, wie wir für uns vermeintlich unwichtige Dinge aussortieren, filtern wir auch Möglichkeiten aus, die uns weiter bringen würden, neue Wege und Menschen, die uns auf unserem Weg helfen könnten.
Einfach, weil wir uns in unserem Denken nicht vorstellen können oder wollen, dass diese oder jene Begebenheit positiv für uns sein könnte.

Anker

Das Ankern beruht darauf, dass wir Verbindungen schaffen zwischen Ereignissen.

Das ist eine Technik aus dem NLP – Neurolinguistisches Programmieren.
Es geht darum, bestimmte Gefühle schnell abrufen zu können.
Das ist erst einmal nicht einfach, wenn unsere momentane Gefühlslage aufgrund einer negativen Situation es einfach nicht zulässt, dass wir uns gut fühlen.

Aber das können wir trainieren.

Denken Sie an Ihren letzten, wunderschönen Urlaub, an Ihr erstes Verliebtsein. Welche Gefühle haben Sie jetzt?

Und jetzt nehmen Sie folgende Körperhaltung ein: lassen Sie den Kopf hängen, die Schultern nach vorne fallen, kneifen Sie die Augen zusammen, lassen die die Unterlippe hängen und atmen Sie ganz flach.
Wie? Das geht nicht? Das fühlt sich irgendwie schlecht an? Sie können nicht diese Haltung einnehmen und gleichzeitig an Ihren letzten Urlaub denken oder an Ihr erstes Verliebtsein?

Gut, dann probieren wir es anders rum:
Nehmen Sie den Kopf nach oben, nehmen Sie die Schultern zurück, heben Sie den Blick und ziehen Sie Ihre Mundwinkel nach oben, atmen Sie ein paar Mal kräftig tief ein und aus.
Wie fühlen Sie sich jetzt?
Passt das schon eher zu Ihrem letzten Urlaub?

Das ist zum Beispiel ein Anker.

Erinnern Sie sich an eine wunderschöne Situation, fühlen Sie wie in dieser Situation, riechen Sie die Umgebung und sehen Sie das Bild, das in diesem Moment da war.
Wenn Sie mit diesem Bild, mit dieser Situation immer wieder arbeiten, wird es Ihnen nicht lange möglich sein, schlecht gelaunt zu sein oder wegen einem bestehenden Problem zu zerzweifeln.
Einen Anker haben Sie schon kennen gelernt: mit dem *Lächeln* ist es ein genau dasselbe wie mit der Körperhaltung, wie mit einer schönen Erinnerung oder einem schönen Bild.

Suchen Sie sich Ihren persönlichen Anker, trainieren Sie mit diesem Bild und holen Sie es sich immer wieder her, es wird immer leichter und schneller funktionieren.
Irgendwann ist es selbst in einer negativen Situation (eine Situation, die Sie als negativ empfinden) möglich, sich selbst in kürzester Zeit umzuprogrammieren.
Das Ergebnis ist, dass Sie nicht mehr von dieser Situation emotional runter gezogen werden, dass Sie sich dann schlecht fühlen.

Unterstützen können Sie das noch mit Ihrer Atmung: stellen Sie sich vor, Sie atmen in Ihr Herz und dann durch Ihr Herz durch, gleichzeitig bei Ihrem schönen Bild, bis Sie ein angenehmes Wärmegefühl verspüren.

Das Herz hat ein eigenes Nervensystem, und dieses signalisiert bei Wohlbefinden unserem Gehirn, das alles in Ordnung ist, dass dann auch der Blutdruck und der Puls gesenkt werden kann.
Außerdem sind bei einer aufrechten Haltung die Durchblutung, die Organfunktion und die Atmung besser - das führt zu einer positiven Körperwahrnehmung.
Eine positive Haltung und Glücksgefühle verstärken sich so gegenseitig.
Das funktioniert viel leichter und viel besser, als wenn wir versuchen würden, uns vom Verstand her zehn mal versuchen einzureden: Ich bin jetzt gut gelaunt, mir geht es gut!

Ich habe das einmal beim Zahnarzt getestet, absichtlich dort, weil ich da nun wirklich nicht der Held bin!
Also fiel mir es auch erst recht schwer, mir vorzustellen, dass das in dieser Situation funktioniert.
Aber es hat sehr gut funktioniert!
Das bedeutet nicht, dass ich nun mit allergrößter Freude dort hin gehe, aber ich gehe doch mit einer sehr viel größeren Gelassenheit.

Kennen Sie die Pawlov´schen Hunde?
Pawlov führte ein Experiment mit Hunden durch.
Jedes Mal, wenn er sie fütterte, ließ er vorher ein Glöckchen erklingen. Nur nach wenigen Malen lief den Hunden schon der Speichel zusammen, wenn sie nur das Glöckchen hörten und noch gar kein Futter in der Nähe war.
Sie hatten also sehr schnell gelernt, das Glöckchen mit dem Futter, das darauf folgte, zu assoziieren.

Genauso können wir unser Unterbewusstsein trainieren, bestimmte Bewegungen oder Geräusche oder Bilder mit bestimmten Gefühlen zu verbinden, zu verankern.

Wenn wir so positive Gefühle erst einmal richtig tief verankert haben, sind wir in *jeder* Situation in der Lage, diese hervorzurufen.

Quantenphysik / Quantenenergie

In meinen Ausführungen hatte ich schon einmal die Quantenphysik angesprochen.
Zunächst möchte ich anmerken, dass ich nicht in die Tiefe der Quantenphysik vordringen möchte und kann.
Es gibt eine Menge guter Literatur für diejenigen, die in dieses Thema weiter eintauchen möchten.

Für mich ist es wichtig, dass ich weiß, dass sie funktioniert.
Und das habe ich erfahren.

Was ist Materie genau? „Materie ist fest und besteht aus Atomen“ ist nicht alles.

Atome haben einen Atomkern, der wiederum von Elektronen umkreist wird. Der Atomkern besteht aus Neutronen und Protonen, welche wiederum aus Quarks bestehen.
Man nimmt an, dass Quarks aus Pre-Quarks gebildet werden.
So bildet also Materie etwas Festes.

Aber was befindet sich zwischen Atom und Atomkern?
Dazwischen befindet sich ein leerer Raum, der aber den überwiegenden Teil des Ganzen ausmacht.
Materie ist demnach also überwiegend leerer Raum.
Je tiefer man eindringt, desto mehr leeren Raum (Vakuum) finden wir.
Und warum sind Objekte nun fest? Hier kommt die Quantenphysik ins Spiel.
Denn die Leere interagiert mit Materie, als ein riesiges Feld von Energie.
Wenn das so ist, dann ist die Leere eine reale physische Substanz, die unser Universum durchdringt, also alles, was wir sehen.
Es durchdringt alle Dinge, Objekte und Lebewesen.

Und wenn durch die Quantenenergie alles mit allem verbunden ist, dann können wir diese Energie auch nutzen.
Dann sind auch Gedanken Materie, auf die wir Einfluss nehmen können und dann können wir auch auf Dinge und Menschen Einfluss nehmen, um Heilung anzuregen.

Im Grunde ist dann alles Quantenenergie – Gefühle - Gedanken – Materie, und wir können sie nutzen.

Man hat auch festgestellt, dass sich Protonen unter Beobachtung anders verhalten, als wenn sie nicht beobachtet werden. Ein interessantes Modell dazu finden Sie unter Doppelspaltexperiment im Internet.

Sie können sich mit diesen Gedanken nicht anfreunden?

Früher glaubten wir auch alle, die Erde ist eine Scheibe.
Nun, die Erde ist rund!

Ich möchte Ihnen hier einige Impulse geben, wie Sie diese Energie für sich nutzen können.
Probieren Sie es aus und machen Sie sich erst dann ein Bild, wenn Sie es mal für einige Wochen ausprobiert haben, ob es funktioniert.
Denn erst dann können Sie ***wissen***, ob es für Sie funktioniert.

Sie wissen ja:

- Unser Glauben schafft die Realität
- Das, was wir für wahr erachten, prägen unsere Wahrnehmung
- Wir nehmen oft nur wahr, was wir erwarten

Versuchen Sie, alle Erwartungshaltung weg zu lassen und mit den folgend beschriebenen Techniken einfach nur zu spielen, das ist die beste Voraussetzung, dass etwas passieren kann. Wenn wir eine Reaktion erwarten, dann kann ja nur etwas passieren, wenn wir eine Veränderung bemerken. Für diese Veränderung haben wir auch eine bestimmte Erwartungshaltung. Wenn nun die erwartete Reaktion nicht eintrifft, kommen Zweifel...
Also, spielen Sie und **nehmen Sie wahr, was Sie wahr nehmen**, ohne Erwartung, ohne Zwang, und fühlen Sie in sich hinein.

Aus dem Wort Spielen ergibt sich auch: Nehmen Sie das nicht zu ernst, daraus resultiert wieder eine Erwartung!

Probieren Sie aus, spielen Sie ohne Leistungsdruck, ohne Ergebnisse erzielen zu wollen. Genau das blockiert in diesem Prozess!

Quantenheilung

Bewusstsein – Verstand

Wie soll das gehen, zu spielen, zu tun ohne Erwartungshaltung – wir haben doch immer ein Ziel, wenn wir etwas zu tun.
Deshalb tun wir doch Dinge, um damit etwas zu erreichen, um ein Ziel zu erreichen?

Wir verwechseln häufig Bewusstsein mit Verstand.
Das reine Bewusstsein ist ein Zustand von NICHTSTUN, NICHTSDENKEN! Ein Zustand des absoluten Gewahrwerdens des Augenblicks, ein Zustand ohne Gedanken, ohne Zeitgefühl, das einfach nur SEIN im HIER und JETZT!

Wir können nicht in der Vergangenheit sein oder in der Zukunft, sondern nur jetzt gerade hier und jetzt.

Wir hängen oft unserer Vergangenheit nach oder sind gedanklich oft in der Zukunft, machen Pläne oder machen uns womöglich über „ungelegte Eier“ Gedanken.

Aber das macht unser Verstand, nicht unser Bewusstsein. Und diese Gedanken unseres Verstandes lenken unser Bewusstsein ab und blockieren Dinge, die JETZT sein können.
Wir brauchen unseren Verstand, nicht dass wir uns hier missverstehen. Wir brauchen ihn, um unsere Zukunft zu planen. Wir brauchen ihn, wenn er uns vor Gefahren warnt.

Und er bewahrt uns davor, immer wieder die gleichen Fehler zu begehen.
Denn wir lernen ja aus unseren Erfahrungen.

Doch für die Quantenheilung steht er uns im Weg, denn er blockiert das wirklich Wichtige in diesem Moment: den Augenblick des Bewusstseins – im Hier und Jetzt!

Mit etwas Übung erreichen wir aber diesen Zustand – und das wird immer schneller funktionieren.

Ubung:

- *Setzen Sie sich für einige Minuten an einen Ort, an dem Sie nicht gestört werden.*
- *Atmen Sie einige Male tief ein und aus, schließen Sie ihre Augen und beobachten Sie einfach nur Ihre Gedanken. Lassen Sie sie kommen und gehen – ohne Wertung.*
- *Wenn Sie das einen Moment getan haben, stellen Sie sich die Frage: „Warum denke ich gerade“ oder „Woher kommen meine Gedanken?*
- *Gewöhnlich entsteht jetzt eine ganz kleine Pause, in der Sie nicht denken, in der Ruhe herrscht in Ihrem Kopf – Ihr Verstand ist damit beschäftigt, nach einer Antwort zu suchen.*
- *Genau diese Pause, diese Ruhe ist es – das reine Bewusstsein!*
- *Am Anfang wird diese Pause sehr kurz sein, aber mit zunehmender regelmäßiger Übung wird diese Pause immer länger.*

Bewusstsein ist Gedankenleere und Verstand blockiert Bewusstsein!
Bewusstsein ist absolute Leere und Glücksgefühl.

Synchronisation

Wenn ich von Quantenheilung rede, dann meine ich nicht, dass **Sie** heilen, sondern dass Sie einen Heilungsprozess angeschubst haben, einen Selbstheilungsprozess.

Krankheit bedeutet, dass eine Ordnung in dem System Mensch durcheinander gekommen ist.

Diese Ordnung kann man wieder herstellen – mit Quantenenergie kann man das System dazu bringen, wieder in das ursprüngliche Schwingungsmuster zurück zu finden – es besteht ja alles aus Schwingungen nach der Theorie der Quantenphysik.

Bringt man nun durch Anwendung der Quantenenergie das System dazu, in sein ursprüngliches Muster zu kommen, kann lange nach der Anwendung eine Veränderung folgen.
Der Umbau in „Krankheit" hat ja oft auch nicht über Nacht statt gefunden.
Und häufig muss die Anwendung regelmäßig wiederholt werden.

Wenn man eine Anwendung durchführen möchte, bei anderen oder bei sich selbst, ist es wichtig, dass man selbst in einer harmonischen Schwingung ist – dass man selbst synchron ist. Das eigene" Chaos" blockiert Energie.
Übung:

- *Setzen Sie sich bequem hin und lassen Sie Ihre Muskulatur vollkommen locker.*
- *Ihre Hände liegen locker auf Ihren Oberschenkeln.*
- *Nehmen Sie mit Ihrer Aufmerksamkeit wahr, wie sich Ihre Rechte Hand anfühlt. Konzentrieren Sie sich nur auf das Gefühl in Ihrer rechten Hand. (ca. 1 Min.)*
- *Wechseln Sie mit Ihrer Aufmerksamkeit zu Ihrer linken Hand, wieder ca. 1 Min. Fühlen Sie ganz genau das Gefühl in Ihrer*

linken Hand, es wird sich wohl etwas anders als in Ihrer rechten Hand.

- *Atmen Sie einige Male tief ein und aus und lassen Sie die Atmung immer ruhiger und tiefer werden.*
- *Nehmen Sie nun Ihre gleichzeitig wahr und denken mehrmals hintereinander: „Beide Hände fühlen sich gleich an“*
- *Spüren Sie nach, wie sich das Gefühl beider Hände angleicht.*

Anmerkung: Es ist gleich, auf welche Körperteile Sie sich konzentrieren, dies ist nur ein Vorschlag. Konzentrieren Sie sich auf die Körperstellen, die Sie anziehen, die sich für Sie richtig anfühlen. Der Ablauf, der sich für Sie richtig anfühlt, ist der richtige. Wichtig ist nur die Konzentration und das Gefühl, dass sich unterschiedliche Areale vielleicht auch unterschiedlich anfühlen können.
Die mentale Ebene ist wichtig, um Quantenheilung geschehen lassen zu können.

Wenn Sie mit dieser Übung nicht klar kommen sollten, um sich selbst zu synchronisieren, hier ein weiterer Vorschlag:

Übung 2:

- *Setzen Sie sich bequem auf einen Stuhl, die Hände liegen wieder locker auf den Oberschenkeln.*
- *Atmen Sie tief und ruhig ein aus – und verlängern Sie Ihre Atemzüge, immer langsamer und tiefer. Die Ausatmung sollte dabei länger sein als die Einatmung.*
- *Mit jedem Atemzug stellen Sie sich Licht vor, das Ihren Körper immer mehr umgibt und in ihn eindringt. Das kann ein Lichtstrahl sein oder eine Spirale oder atmen Sie einfach nur Licht ein.*
- *Stellen Sie sich dann vor, dass dieses Licht Ihren Körper in Einklang, in Harmonie bringt, Ihr Körper wird erfüllt mit harmonischer Schwingung.*

- *Mit der Zeit wird sich ein angenehmes Gefühl einstellen, vielleicht auch Wärmegefühl.. Beobachten Sie, wie sich dieses Gefühl nach und nach in Ihrem ganzen Körper einstellt.*
- *Sobald Sie das Gefühl haben, diese Wärme oder auch ein anderes Gefühl hat Ihren Körper erfasst, sind Sie synchron.*

Auch nicht Ihre Übung? Noch ein Vorschlag:

Übung 3:

- *Stellen Sie sich vor, Ihren Gedanken bewegen sich auf einer Spirale im Kreis, die immer weiter abwärts dreht und die immer langsamer wird. Wie ein Sturm, der mit der Zeit immer langsamer und ruhiger wird, bis er irgendwann beginnt, sich aufzulösen.*
- *Sobald sich der Gedankensturm aufgelöst hat, bemerken Sie einen Augenblick der Ruhe – des reinen Bewusstseins, eine Gedankenleere.*
- *Versuchen Sie, diesen leeren Zustand so lange wie möglich zu halten.*

Auch nicht Ihre Methode?
Noch ein Vorschlag:

Übung 4:

- *Setzen Sie sich bequem und entspannt hin und atmen Sie tief und ruhig ein und aus*
- *Listen Sie in Ihren Gedanken Begriffe auf, die für Sie für einen positiven Lebenszustand stehen, z.B. Glück, Freude, Harmonie, Liebe, Zuversicht, Freiheit, Erfolg, Gesundheit, Ruhe, Raum usw...*
- *Wiederholen Sie diese Worte*
- *Sie werden nach einer Weile feststellen, dass sich einer dieser Wörter hervorhebt. Dieses Wort nehmen Sie und beobachten es. Schauen Sie sich an, welche Buchstaben es hat, vielleicht*

bekommt Ihr Wort eine Farbe, dann vielleicht noch einen Ton. Beobachten Sie einfach nur.

- *Ihr Verstand wird damit abgelenkt und ist ruhig – Sie sind in dem Zustand reines Bewusstseins*
- *Wenn Sie Ihre Gedanken ablenken, kommen Sie einfach wieder zurück zu Ihrem Wort und bleiben Sie eine Weile da*
- *Wenn Sie das Gefühl absoluter Entspannung haben, kommen Sie langsam wieder in Ihren Alltag zurück*

Bei allen Übungen gilt: je öfter Sie sie wiederholen, umso schneller werden Sie in einen Zustand reinen Bewusstseins kommen.
Und egal, für welche Übung Sie sich entscheiden, lassen Sie sich danach einen Moment Zeit, um wieder in den Alltag zurück zu kehren.

Synchronisieren Sie sich regelmäßig, es wird immer leichter und schneller funktionieren.
Vor allem werden Sie fest stellen, dass Sie eine positive Veränderung auf Ihr Gemüt und auf Ihr Leben allgemein erfahren werden.
Achten Sie darauf, dass in Ihnen immer weniger das Chaos herrscht.

Selbst, wenn Sie nicht mit der Quantenenergie arbeiten wollen, werden Sie bemerken, dass diese Übungen Ihr Wohlbefinden steigern.

Es gibt Menschen, die von vornherein sensitiver oder „fühliger“ als andere sind, denen diese Übungen leichter fallen werden, und es gibt Menschen, die ein wenig mehr üben müssen.

Aber: jeder Mensch hat diese Fähigkeit des Fühlens – des Bewusstseins, wir müssen sie lediglich wieder aktivieren.
Und das geht nur mit Training. Jeder Sportler muss für seine Leistungen trainieren. Wenn er besser werden will, muss er mehr trainieren, aber jeder kann es schaffen.

Energie wahrnehmen

Nun geht es um eine Übung, wie wir bewusst lernen, Energie wahr zu nehmen:

Übung:

- *Setzen Sie sich bequem hin und schließen Sie die Augen.*
- *Führen Sie Ihre Innenhandflächen aus Schulterbreite vor sich langsam zusammen.*
- *Konzentrieren Sie sich darauf, was Sie in Ihren Handflächen wahr nehmen. Ab einem bestimmten Abstand werden Sie vielleicht eine Wärmegefühl wahr nehmen oder eine Art Widerstand. Diese Wahrnehmung ist Ihre Aura.*
- *Sobald Sie Ihre Aura wahrnehmen, formen Sie sie zu einem imaginären Ball – und spielen Sie einfach ein wenig damit.*

Diese Übung können Sie anfangs mit sich selbst, dann mit einem Partner zusammen machen, damit Sie ein Gefühl dafür entwickeln, wie sich die Aura eines anderen Menschen anfühlt. Sie können dann einfach mit Ihren Händen spüren, wie sich der Körper eines anderen Menschen anfühlt.
Nach einer Weile werden Sie dann auch Veränderungen wahrnehmen, wärmere und kältere Körperstellen, „größere“ Aurafelder und andere dagegen sind kleiner (haben weniger Abstand zum Körper). Jeder hat seine eigene Wahrnehmung – finden Sie heraus, „wie“ Sie wahrnehmen.

Vorbereitung

Das ist alles, was Sie wissen müssen, um Heilung zu bewirken. Mehr Vorbereitung bedarf es nicht, wichtig ist nur, dass Sie mit selbst klar sind, dass Sie sich selbst wohl fühlen – synchron sind.

Viele werden jetzt sagen: das kann doch nicht alles sein, das ist doch viel zu einfach...

Sie kennen alle Menschen – ganz unterschiedliche Menschen. Stellen Sie sich eine Person aus Ihrem Bekanntenkreis vor, die den Raum betritt und Sie sich sofort wohl fühlen in dessen Umgebung. Oft spüren Sie auch die „Power" eines Menschen – das sind Menschen, die synchron sind, die mit selbst im Klaren sind.

Dann gibt es auch die Menschen, in deren Nähe Sie sich unwohl fühlen oder deren Nähe Sie vielleicht sogar das Gefühl haben, dass Sie Ihnen Energie rauben.

Sie sehen, nur durch die Präsenz eines Menschen wird Energie „übertragen"

Vielleicht nehmen Sie auch wahr, dass Ihnen in der Nähe eines bestimmten Menschen, die Hände anfangen, zu kribbeln. Dann können Sie davon ausgehen, dass dieser Mensch Energie benötigt.

Wenn Sie sich für eine Anwendung vorbereiten, werden Sie Ihr eigenes „Ritual" entwickeln, um in das reine Bewusstsein zu kommen. Die vorher beschriebenen Übungen sind „*Gehstützen*", die Ihnen helfen sollen, Ihre eigene Methode zu finden.

Bereiten Sie sich darauf vor, „NICHTS" zu tun, denn nicht Sie geben Ihre Energie weiter, sondern sie schubsen einen Selbstheilungsprozess an.
Umso weniger Sie tun und umso weniger Sie denken, desto mehr geben Sie den Raum, in dem etwas passieren kann.
Ihre Schwingung überträgt sich, im positiven (wie auch im negativen) Sinn.

Anwendung

Eine Anwendung sollte in einem für alle Beteiligten entspannten Rahmen statt finden, in einem ruhigen, gemütlichen Raum, in dem sich alle wohl fühlen und Störungen ausgeschaltet werden können.

Sie sollten als Anwender im Hier und Jetzt sein, weder in der Vergangenheit noch in der Zukunft sein.
Wenn Ihr " Klient" ein bestimmtes Problem hat, soll er das präzise formulieren, beispielsweise: „Meine rechte Schulter tut weh!"

Gedanklich formulieren Sie nun Ihr Ziel, z.B.: „Eine normal einsatzfähige Schulter, frei von Schmerz!"

Die Formulierung sollte auf jeden Fall präzise, positiv und im IST-Zustand formuliert sein, also: „Ist" frei von Schmerz, nicht: „wird" frei von Schmerz sein.. (damit ist nicht klar
definiert, ob das dann in 10 oder 20 Jahren der Fall sein wird!)

Anschließend denken Sie gar nicht mehr über die Schulter nach.

Sie legen nun eine Hand auf den schmerzenden Bereich und fühlen sich eine Weile hinein, wie sich der Bereich anfühlt.
Dann legen Sie Ihre andere Hand auf einen gesunden Bereich und konzentrieren sich für einen Moment nur darauf, wie sich dieser Bereich anfühlt.
Wie fühlt sich der Muskel an, ist der Bereich vielleicht wärmer, fühlt er sich weicher an?....

Schlussendlich konzentrieren Sie sich auf beide Hände und sprechen in Gedanken den gewünschten Zielzustand aus (positiv, präzise, IST-Zustand). Beobachten Sie, wie sich das Gefühl in beiden Händen verändert, so lange, bis sich die Hände gleich anfühlen, dann können Sie die Anwendung beenden.

So können Sie bei körperlichen Beschwerden vorgehen.
Bei seelischen Beschwerden ist es nicht sicher zu sagen, was die richtige positive Veränderung wäre. Also ist es besser, ganz ohne Intention zu arbeiten. Wer weiß schon, was jetzt gerade das richtige für diesen Menschen ist, können wir das überhaupt für uns selbst sagen?

Ihr Klient sitzt ganz bequem und entspannt, lassen Sie ihn die Augen schließen und tief und ruhig ein- und ausatmen. Er sollte einfach bei sich sein und nicht bei Ihrem Tun, das gleich gilt auch für die eben beschriebene Herangehensweise.

Anschließend legen Sie ihm die Hände beispielsweise auf die Schultern. Gedanklich stellen Sie sich vor, dass die Quantenenergie durch Ihre Hände in den Körper des Patienten fließt. Wenn Sie das Gefühl, Ihre Hände werden wo anders hin „gezogen", dann gehen Sie dort hin.

Sie können sich beispielsweise auf gedanklich vorstellen: „Die optimale Heilung auf körperlicher, geistiger und seelischer Ebene"

Wenn Sie das Gefühl bekommen, Ihre Hände fühlen sich gleich an und die Energie fühlt sich harmonisch an, dann können Sie die Anwendung beenden.

Dies sind nur Vorschläge, wie Sie ihre Anwendung bei anderen oder auch bei sich selbst gestalten.
Es gibt kein richtig oder falsch, verstehen Sie diese Beschreibung nur als Leitfaden, als Unterstützung dazu, ihre eigene Methode zu entwickeln.
Sie benötigen für eine Anwendung 5 oder 10 Minuten, manchmal kann es auch etwas mehr oder weniger sein. Verlassen Sie sich dabei auf Ihr Gefühl.

Sie werden Menschen haben, die sofort Erleichterung verspüren, aber Sie werden auch Menschen haben, die nichts bemerken oder spüren.
Oft machen sich Veränderungen auch erst in den Tagen danach bemerkbar, Quantenenergie sorgt immer für Ordnung, was auch immer das für diejenige Person jetzt gerade sein mag.

Vertrauen Sie und spielen Sie, analysieren Sie nicht, experimentieren Sie, die Veränderung wird sich einstellen. Sie können nichts falsch oder „kaputt“ machen.
Zudem werden Sie feststellen, dass Sie sich als Anwender ebenso leicht und friedvoll fühlen, egal, ob sie mit anderen oder mit sich selbst arbeiten.

Ich empfehle Ihnen sowieso bei sich selbst anzufangen, um selbst zu fühlen und zu erleben.

Weiter möchte ich darauf hinweisen, dass dies keine Heilung, kein Behandlungsersatz ist. Behandlungen von Arzt oder Heilpraktiker sind dadurch nicht zu ersetzen.

Jeder, der sich auf diese Erfahrung einlassen möchte, kann Quantenenergie anwenden und erleben.

Das kann ich Ihnen aus eigener Erfahrung versichern.
Ich bin selbst Heilpraktikerin in eigener Praxis mit zahlreichen Fachausbildungen in Chirotherapie, Osteopathie, Neuromuskuläre Therapie und andere Richtungen.

Immer wieder wird jeder es erleben, dass die Mehrzahl der Patienten wunderbar auf Therapien anspricht und der ein oder andere nicht. Der Grund dafür wird wohl der sein, dass man nicht genau sagen, an welchen Punkten die Ordnung des Systems wie gestört ist.

Erst nachdem ich selbst auf einem Workshop für Quantenheilung war und dann noch eine ganze Weile damit experimentiert hatte in Verbindung mit meinen Therapien, stellte ich fest, dass der ein oder andere „zugänglich“ wurde und Blockaden oder Schmerzzustände gelöst wurden.

Weiter möchte ich aber noch anmerken, dass manche Menschen ihr Problem noch benötigen, um daraus etwas zu lernen oder es einfach Zeit braucht, bevor wirklich Heilung geschehen kann.

Auch muss klar sein, dass dies kein „Wundermittel“ für ernsthaft bedrohliche Krankheiten ist, aber eine Erleichterung und somit mehr Lebensqualität kann durchaus erreicht werden.

Genauso wenig ist es ein Ersatz für andere Therapien, aber in Verbindung können doch bemerkenswerte Dinge geschehen.

Wer Schwierigkeiten hat, dies annehmen zu können, dass das so einfach funktionieren kann, dem möchte ich Folgendes sagen:
Ich bezeichne mich selbst als rationalen Menschen und anfangs kreuzte meine linke Gehirnhälfte (mein Verstand) ständig meine rechte Hälfte: das kann nicht funktionieren, dann wären ja alle meine Ausbildungen nicht notwendig gewesen und so einfach kann das nicht sein usw...

1. meine Ausbildungen waren notwendig
2. habe ich es erfahren, dass es funktioniert und über dieses Erfahren hat das Streiten in meinem Kopf aufgehört
3. hat man früher geglaubt, die Erde sei eine Scheibe
4. beschreiben Sie mir mal, wie z.B. die Schwerkraft aussieht
5. sind bei uns allen Gefühle und Gedanken vorhanden, aber können wir sie sehen?

Das Gesetz der Anziehung

oder das **Resonanzprinzip**

ich habe schon einmal das Gesetz der Anziehung in diesem Buch angesprochen.

Wie Sie wissen, können wir etwas erreichen, wenn wir selbst daran glauben, etwas zu erreichen.
So wird also auch etwas funktionieren, wenn wir glauben, dass es funktioniert. Wenn nicht daran glauben, dass etwas nicht funktioniert, wird es das auch nicht.
So ist es auch mit der Quantenenergie.
Wenn wir daran glauben, dass Quantenenergie funktioniert, dann ist es wahr – dann können wir sie wahrnehmen und anwenden.

Wenn wir nicht daran glauben, dann werden wir unsere Problem haben, sie (für)wahr zu nehmen.

Jeder Mensch hat in seinem Leben schon die Erfahrung gemacht, dass er etwas erreichen konnte, wenn er nur fest genug daran geglaubt hat – ja, das dann selbst große Hürden zu überwinden sind.

Mit allen Dingen im Leben ist es so:
Wir können daran glauben, etwas zu schaffen, etwas zu erschaffen oder eben nicht. Und danach, nach unseren Gedanken, unserem Glauben und unserem Handeln, dass daraus resultiert, erschaffen wir unser Leben – und übernehmen die Verantwortung für uns selbst.

Jeder Mensch ist für sein TUN, für sein Verhalten und für sein Leben verantwortlich, wir sind für alles selbst verantwortlich.

Ihre Aufmerksamkeit bestimmt Ihren Weg.

Wenn Sie denken, warum funktioniert das bei mir nicht?, dann richten Sie Ihr Gewahrsein auf das NICHT-funktionieren, nicht darauf, dass es funktioniert.
Und so ist es auch mit dem Gesetz der Anziehung, es ist ein Naturgesetz. Und unabhängig davon, ob Sie daran glauben oder nicht, wird es seine Gültigkeit nicht verlieren.

Genauso zieht Erfolg Erfolg an, genauso ziehen wir alles an, mit dem wir uns gedanklich beschäftigen.

Wie im Innen – so im Außen

Alles, was passiert, verursachen wir selbst,
kontrollieren Sie also Ihre Gedanken und Ihre Gefühle.
Da fängt alles an.

Natürlich hat jeder Mensch Bereiche, in denen das viel leichter funktioniert und wiederum gibt es Situationen, in denen das wirklich schwer fällt, vor allem in Krisensituationen. Aber in dem Wort Krise verbirgt sich das Wort Gefahr und Chance.

Wir alle haben Zeit zu lernen – und können uns ständig verbessern, durch Training. Niemand ist perfekt, auch ich habe meine Herausforderungen und meine Lernaufgaben wie jeder andere Mensch auch. Und wir sind hier, um zu lernen!
Nehmen Sie sich in einem Moment der Entspannung die Zeit für folgende Worte:

DANKE – ICH BIN, WIE ICH BIN
Schauen Sie sich die Buchstaben der Worte an, welche Farbe bekommen ihre Worte, welchen Ton haben Ihre Worte?

Spielen Sie, experimentieren Sie, und verfeinern Sie so Ihre Technik. Eigentlich kann man hier auch nicht von einer Technik reden, sondern eher von einer Bewusstseinstechnologie.

Ich wünsche Ihnen viel Spaß beim Spielen und viel Erfolg mit Ihren Erfahrungen!

Du bist, was Du denkst.
Was Du denkst, strahlst Du aus.
Was Du ausstrahlst, ziehst Du an.

Entscheidungen

Wir alle haben im Leben eine freie Wahl, eine Entscheidungsmöglichkeit. Wir können die eine oder die andere Entscheidung treffen.
Auch ein Nicht-Entscheiden ist eine Entscheidung.

Dies passiert häufig bei Entscheidungen, die uns wirklich schwer fallen: Situationen zu ändern, die früher inspirierend, Wachstum bringend und schön, harmonisch waren – die sich aber geändert haben, nicht mehr Wachstum bringend und auch nicht mehr inspirierend sind. Lebenssituationen, die uns auf unserem Weg nicht mehr weiter bringen und die sich auch nicht mehr gut anfühlen, häufig ist dies in Beziehungen zu beobachten, aber auch im Berufsleben.

Lieber verharren wir in gewohnten alten Situationen, von denen wir fühlen, dass sie uns nicht gut tun, dass wir vielleicht sogar darunter leiden, als den Mut aufzubringen, zu entscheiden und Konsequenzen zu tragen, offen zu sein für Veränderungen.

Natürlich, oft sind diese Entscheidungen und auch die Konsequenzen sehr schmerzhaft und deswegen versuchen wir uns zu davor zu drücken; lieber verbleiben wir in einer nicht zufrieden stellenden Situation und übersehen gerne dabei, dass dieses Sich-nicht-wohl-fühlen langfristig auch seine Folgen hat.
Wir werden blockiert, blockieren uns selbst, sind nicht glücklich mit der Situation und das macht auf Dauer noch unglücklicher und krank. Aber es ist ein schleichender Prozess, den wir oft nicht gleich bemerken.

Es erfordert mehr Mut, neue Wege zu gehen und alte, einst geliebte Wege zu verlassen.

Aber die Ernte daraus ist Neubeginn, neue Erfahrungen, Wachstum wieder möglich machend, neue Inspiration, neue Möglichkeiten.

Wie in der Medizin haben wir die Möglichkeit, weiterhin Symptome zu behandeln bzw. sich zu bemühen, die Symptome möglichst klein zu halten oder wirkliche Ursachenbekämpfung zu betreiben, indem wir Ursachen verändern: Lebenssituationen verändern.

Wollen wir also Symptombekämpfung oder Ursachenbekämpfung betreiben?

Gesünder und erfüllender für uns ist die Ursachenbekämpfung. Nur dann ist wirklich ein Zu-sich-Selbst-finden möglich, nur dann ist wirkliche Heilung möglich, nur dann können wir Wachstum und Inspiration erfahren, nur dann stehen wir uns nicht selbst im Weg.

In den seltensten Fällen sind die einfachen, bequemen Wege die, die uns wirklich weiter bringen und uns Wachstum bescheren, sondern wir müssen Strukturen durchbrechen, neue Wege gehen, die auch unbequem sein können, um zu uns selbst zu finden.

Und oft sind genau diese Situationen die härtesten Prüfungen in unserem Leben.

Betrachten Sie es als Herausforderung, an der Sie wachsen können, gesünder und authentischer hervorgehen können – bringen sie den Mut auf, noch mehr SIE SELBST zu werden!

Also, übernehmen Sie die Verantwortung, an sich selbst zu fühlen und zu spüren, wenn etwas nicht mehr gut ist.
Und dann übernehmen Sie für sich die Verantwortung, diese Situation, die nicht mehr gut ist, zu verändern.

Übernehmen Sie die Verantwortung, nicht die Symptome zu behandeln, um sie klein zu halten, sondern verändern Sie Ihre Ursachen!

Sie haben die Wahl, wollen Sie sich weiter mit Symptomen beschäftigen, sie versuchen, möglichst klein zu halten – wählen Sie Wege gehen, auf denen Sie einfach nur lernen müssen, mit diesen Symptomen klar zu kommen – oder wollen Sie wirklich Heilung?

Nicht der, der getragen wird, der die leichtesten Wege mit dem geringsten Widerstand geht, kommt in seine Kraft und in seine Energie, sondern der, der die unbequemen Wege nicht scheut, kann in sein Potential finden.
Und auf den unbequemen Wegen eröffnen sich einem Perspektiven, Sichtweisen und Erkenntnisse, die man hätte auf dem leichten Weg nicht finden können.

Und hier noch mal die Wege der Veränderung zusammengefasst:

- Legen Sie Ihre Bewertungen / Wertungen, vor allem über sich selbst ab, jeder hat seinen Grund, warum er so ist wie er ist. Deswegen ist er nicht besser oder schlechter, das ist nur unsere interessante Ansicht, mit der wir eine Schlussfolgerung , also eine Wertung, treffen.

- Es gibt nur zwei Grundgefühle: Angst und Liebe.
Angst ist nur eine Ablenkung von uns selbst im Verstand produziert. Wenn wir es schaffen, alles mit Liebe zu betrachten, alles, was im Leben kommt, können wir es auch besser anerkennen und es aus dieser Sichtweise verändern.

- Hören Sie nie auf, zu fragen, alles zu hinterfragen.
Fragen ermächtigen zur Veränderung und holen uns aus den Sichtweisen, die wir haben, heraus. Somit ist das eine der Vorraussetzungen, um wirklich Veränderung zu erreichen.

- Sie sind hier, um sich zu leben, also vergessen Sie nie, dass das Leben nicht schwer sein muss, eine Last sein muss.
Das wichtigste ist das Leben mit Freude zu leben, mit Spaß.
Jeden Tag Freude und Spaß zu haben, ist die beste Medizin, die es überhaupt gibt. Mit der wir wirklich etwas bewegen. Wenn wir in der Lage sind, keine Wertung auf etwas zu haben, sondern uns fragen, "Wer weiß, wofür es gut ist?"

- Alle Antworten auf alle Fragen sind in Ihnen. Kommen Sie regelmäßig zu sich selbst, weg von den Ablenkungen im Außen, und Sie werden alle Antworten finden. Nur an diesem Ort und nirgendwo im Außen werden Sie sie finden und keiner wird Ihnen Ihre Antworten geben können.

Und plötzlich weißt Du:
Es ist Zeit, etwas Neues zu beginnen und dem Zauber des Anfangs zu vertrauen.
Meister Eckardt, Dominikanermönch

Nachwort:

Wenn ich Ihnen mit diesen Zeilen ein paar Impulse geben konnte, die Ihnen auf Ihrem Weg weiter helfen, den Sie schließlich selbst gehen müssen, dann habe ich mein Ziel erreicht.

Diese Zeilen sollen Mut machen, nicht immer die einfachen, bequemen Wege zu gehen, auf denen man selten in das eigene Potential, zu sich selbst kommt.

Herausfordernde Wege ermöglichen ganz neue Erkenntnisse, die man dann selbst erfahren hat und nicht einfach nur glauben oder auch nicht glauben kann.

Haben Sie Mut, sprengen Sie Ihre Begrenzungen und vertrauen Sie in Neues!

Haben Sie Mut zur Veränderung und auf diesem Weg wünsche ich Ihnen das Beste!

Printed by Books on Demand GmbH, Norderstedt / Germany